青少年 科普知识 读本

打开知识的大门，进入这多姿多彩的

U0669926

地理知识

大观

玲 珑◎编著

河北出版传媒集团

河北科学技术出版社

图书在版编目(CIP)数据

地理知识大观 / 玲珑编著. --石家庄：河北科学
技术出版社，2013.5(2021.2重印)
 ISBN 978-7-5375-5854-9

 Ⅰ.①地… Ⅱ.①玲… Ⅲ.①地理-世界-青年读物
②地理-世界-少年读物 Ⅳ.①K91-49

 中国版本图书馆 CIP 数据核字(2013)第 095468 号

地理知识大观

dili zhishi daguan

玲珑　编著

出版发行	河北出版传媒集团	
	河北科学技术出版社	
地　　址	石家庄市友谊北大街 330 号(邮编:050061)	
印　　刷	北京一鑫印务有限责任公司	
经　　销	新华书店	
开　　本	710×1000　1/16	
印　　张	13	
字　　数	160 千字	
版　　次	2013 年 6 月第 1 版	
	2021 年 2 月第 3 次印刷	
定　　价	32.00 元	

Foreword

前言

　　地理学是研究地球表面的地理环境中各种自然现象和人文现象，以及它们之间相互联系的学科。古往今来，无论是西方国家还是我国，都有很多的地理学家，他们走遍地球的每寸肌肤，测量了地球上的山川河流，经历了沙漠和草原，为我们留下了很多故事。

　　地理知识丰富多彩，所涉及的范围较广，针对青少年的兴趣和爱好，我们专门编撰了这本《地理知识大观》。本书纵横千万里，贯穿天地间，以最新的资料和最权威的数据，从多个角度对地理知识进行了介绍，空间涉及面广，知识延伸性强，详尽系统地展示了当今世界地理风貌，带青少年读者走进了大千地理世界。

　　全书共分七章，分门别类地向青少年读者介绍了人文地理、山岳峰峦、沙漠、岩石、海洋、冰川、草原、盆地、海岸、岛屿、江河湖泊、沼泽和湿地等地理知识。让我们通过清新的文字看到了奇异的地理景观，让亚马孙雨林、布达拉宫、雁荡山、爱琴海、撒哈拉沙漠、复活岛……都出现在了我们眼前；让我们在简单的文字间了解了地球在漫长岁月中的起源、发展和演变，以及地球"身上"各个部位的形成、特点和分布。

全书资料翔实，文字简练，语言通俗，富有韵味，再配以形象的图片，有助于青少年读者学习地理知识，拓展自己的视野。

本书作为权威专家精心打造的青少年科普读物，力求融学术、知识、趣味和探索于一炉，使各个知识点综合各家之见，浓缩各派之说，让青少年及广大地理知识爱好者对自然地理、对自己所在的星球有一个比较全面的、客观的认识和了解。

Foreword

前言

目录

人文地理大观

山岳峰峦大观

目录

沙漠岩石大观

Contents

海洋冰川大观

海岸岛屿大观

森林草原大观

江河湖泊大观

目录

人文地理大观

比萨斜塔、布达拉宫……这些神奇的建筑，无一不体现着人类的聪明与智慧。多姿多彩的人文景观，像一颗颗璀璨的珍珠，在历史上闪烁着迷人的光芒。

威尼斯水城

中国人所熟悉的马可·波罗是威尼斯人，他出生在富商的家庭，1271 年 17 岁时随父亲科罗与叔叔马费欧航海旅行到中国，受到蒙古大汗忽必烈的接见，成为了忽必烈派往邻国的大使。经过 21 年特使生涯后，1292 年才回到威尼斯，长年不用母语，他已经不会讲家乡话了。家人把他拒之门外，引来大群人围观，直到他撕开身上鞑靼人长袍，露出黄金家人才让其进了屋。马可波罗带回的钻石珠宝、他乡异国的奇异经历和东方古国的文明让威尼斯人大开眼界，尤其是他对黄金"其数无限，地铺金砖"的描述更让人向往。

而我们对这位不同寻常的旅行家的故乡也有着同样的兴趣与向往。

威尼斯是一个美丽的城市，它建筑在最不可能建造城市的地方。这个面积不到 8 平方千米的城市，一度曾握有全欧洲最强大的人力、物力和权势。威尼斯的历史相传开始于公元 453 年，当时这个地方的农民和渔民为逃避酷嗜刀兵的游牧民族，转而避往亚德里亚海中的这个小岛。肥沃的冲积土质，就地取材的石块，加上用邻近内陆的木头做的小船往来其间。在淤泥中，在水上，先祖们建起了威尼斯。威尼斯 10 世纪开始发展，14 世纪前后，这里已经发展成为意大利最繁忙的港口城市，被誉为整个地中海最著名的集商业、贸易、旅游于一身的水上都市。14 ~ 15 世纪为威尼斯全盛时期，成为意大利最强大和最富有的海上"共和国"、地中海贸易中心之一。16 世纪始，随着哥伦布发现美洲大陆，威尼斯逐渐衰落。1797 年，威尼斯屈从于拿破仑的统治，有着一千多年历史的威尼斯共和国从此灭亡。1849 年反奥地利的独立战争取得胜利。直到 1866 年威尼斯地区和意大利才实现统一，从此成为意大利的一个地区。

威尼斯建筑在最不可能建造城市的地方——水上，威尼斯的风情总离不开"水"，蜿蜒的水巷，流动的清波，她就好像一个漂浮在碧波上浪漫的梦，诗情画意久久挥之不去。威尼斯外形像海豚，城市面积不到 7.8 平方千米，却由 118 个小岛组成，177 条运河蛛网一样密布其间，这些小岛和运河由大约 401 座各式各样的桥梁缀接相连。整个城市只靠一条长堤与意大利大陆半岛连接。

这里建筑的方法，是先在水底下的泥土打下大木桩，木桩一个挨一个，这就是地基，打牢了，铺上木板，然后就盖房子，那儿的房子无一不是这么建造的。所以有人说，威尼斯城上面是石头，下面是森林。当年为建造威尼斯，意大利北部的森林全被砍完了。这样的房子，也不用担心水下的木头烂了，它不会烂的，而且会越变越硬，愈久弥坚。此前考古者挖掘马可·波罗的故居，挖出的木头坚硬如铁，出水后才会被氧化而腐朽。

岛与岛之间只凭各式桥梁错落连接，初来乍到很快便会迷失在这座"水城"中。好在有大运河呈 S 形贯穿整个城市，沿着这条"威尼斯最长的街道"，可以饱览威尼斯的精华而不用担心迷路。沿岸的近 200 栋宫殿、豪宅和七座教堂，多半建于 14 至 16 世纪，有拜占庭风格、哥特风格、巴洛克风格、威尼斯式等，所有的建筑地基都淹没在水中，看起来就像水中升起的一座艺术长廊。平日里大运河真的像一条熙熙攘攘的大街一样，各式船只往来穿梭其上，最别致的当然还是贡多拉。

威尼斯有毁于火中又重生的凤凰歌剧院，伟大的文艺复兴和拜占庭式建筑，世界上最美的广场之一——圣马可广场，有美得令人窒息的回廊，大师安东尼奥尼电影中最美的段落有一些就在这儿拍摄；这儿是文艺复兴的一个重镇，产过历史上最重要的画派之一：威尼斯画派；德国音乐大师理查德瓦格纳在这里与世长辞……这个城市昔日的光荣与梦想，通过保存异常完好的建筑延续到今天，它独特的气氛令游人感到如受魔法，令凡是来过的威尼斯游客都恋恋不舍，乐而忘返。

比萨斜塔

比萨斜塔（Tower）是世界遗产，建于1174年，塔高约60米，由于地表塌陷每年倾斜1.2毫米，按此速度推算，可能在200～1000年后倒塌。

比萨斜塔所在的奇迹广场上，有不少几乎和斜塔同期修建的大教堂、洗礼教堂等建筑艺术杰作。修建斜塔时，它在整个广场的设计规划中只是教堂的一座由乳白色大理石砌成的钟楼，确切地说，斜塔只是个"配角"。1174年，人们开始修建钟楼，修建过程中因地基沉陷而发生倾斜，800多年来斜而不倒，以斜劲"喧宾夺主"。

比萨斜塔的塔体由8个层面组成，在直径16米的塔体中心有可以上下的螺旋形台阶约300级。人们通过台阶可以直接登到塔顶。每个层面周围是用大理石雕塑的柱廊，以前人们可以在每层柱廊间绕塔一周，但是现在为了游人的安全，登塔者一律不准走塔体的外圈，从底层到第七层全是走塔体内的台阶。走这段路时，人们几乎看不到外边的景色，因此对塔体的倾斜感受不深。但是，当游人到了第七层与第八层之间时，情况就大不一样了。由于塔体自北向南倾斜5.5°，第七层与底层相比，已经倾斜了四五米。而且，从第七层往第八层攀登时，空间是开放的，人完全走在外面，虽有护栏保护，但由于塔体斜度加大，站在上面总觉得自己的身体也是斜的，有摇摇欲坠之感。有些游人的腿开始发软，眼睛根本不敢往下看，仿佛下面就是万丈深渊。尽管站在高处可以观赏比萨城的全景，但由于脚下倾斜，游人已顾不上欣赏了。

比萨斜塔修复工程耗资约合2500万美元，基本上达到预期效果。专家认为，经过修复的比萨斜塔，只要不出现不可抗拒的自然因素，300年内不会倒塌。每年5月至8月间，比萨斜塔晚上也向游人开放。届时，游人登上灯火通明的斜塔顶层，可一睹夜幕下的比萨古城和奇迹广场的美景。而斜塔本身也在夜幕和灯火中显出迷人的神秘色彩。

几个世纪以来，钟楼的倾斜问题始终吸引着好奇的游客、艺术家和学者，使得比萨斜塔世界闻名。

比萨斜塔为什么会倾斜？专家们曾为此争论不休。尤其是在 14 世纪，人们在两种论调中

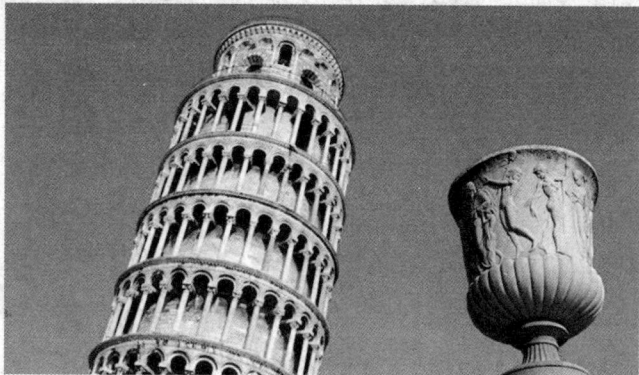

徘徊：比萨斜塔究竟是建造过程中无法预料和避免的地面下沉累积效应的结果，还是建筑师有意为之。进入 20 世纪，随着对比萨斜塔越来越精确的测量，使用各种先进设备对地基土层进行的深入勘测，以及对历史档案的研究，一些事实逐渐浮出水面：比萨斜塔在最初的设计中本应是垂直的建筑，但是在建造初期就开始偏离了正确位置。

比萨斜塔之所以会倾斜，是它地基下面土层的特殊性造成的。比萨斜塔下有好几层不同材质的土层，各种软质粉土的沉淀物和非常软的黏土相间形成，而在深约一米的地方则是地下水层。这个结论是在对地基土层成分进行观测后得出的。最新的挖掘表明，钟楼建造在了古代的海岸边缘，因此土质在建造时便已经沙化和下沉。

根据现有的文字记载，比萨斜塔在几个世纪以来的倾斜是缓慢的，它和它地基下方的土层实际上达到了某种程度上的平衡。在建造的第一阶段第三层结束时，钟塔向北倾斜约 0.25°，在第二阶段由于纠偏过度，1278 年第 7 层完成时，反而向南倾斜约 0.6°，1360 年建造顶层钟房时，增加到 1.6°。1817 年，两位英国学者 Cresy 和 Taylor 用铅垂线测量倾斜，那时的结果是 5°。1550 年 Giorgio Vasari 的勘测与 1817 年 Cresy 和 Taylor 的勘测之间相隔 267 年，倾斜仅增加了 5 厘米。因此人们也没有对斜塔进行特意的维修。

然而 1838 年的一次工程导致了比萨斜塔突然加速倾斜，人们不得不采取紧急维护措施。当时建筑师 Alessandrodella Gherardesca 在原本密封的斜塔地基周围进行了挖掘，以探究地基的形态，揭示圆柱柱础和地基台阶是否与设想的相同。这一行为使得斜塔失去了原有的平衡，地基开始开裂，最严重的是发生了

地下水涌入的现象。这次工程后的勘测结果表明，倾斜加剧了 20 厘米，而此前 267 年的倾斜总和不过 5 厘米。

1838 年的工程结束以后，比萨斜塔的加速倾斜又持续了几年，然后又趋于平稳，减少到每年倾斜约 1 毫米。

湖区国家公园

云朵如同刚出炉的棉花糖，甜蜜诱人的一大块白。日光从上空洒下，蓝天于是溶化了，无数天使降临到了这英格兰最美的湖光仙境。

这是英格兰最美妙的国家公园，一切色彩在这里都被极致的浪漫主义覆盖：植被红、农舍灰、草原绿、水汽白，混杂了纯海蓝和极地绿的湖泊，被淡蓝色雾气笼罩的村庄……这块灵秀之地孕育了无数惊心动魄的神话故事以及浪漫风雅的诗人作家，而他们中的大多数人，无不选择把湖区当做启发自己灵感的创作源地，用诗意的浪漫景色，回赠流传千年的浪漫诗意。

造物主在这里布下了一切自然界可能的美丽风景：湖泊、河谷、山峰、瀑布，种种巧夺天工的自然雕琢。水是湖区的灵气之源。除了广袤的植被和山间农舍，剩下的就是各种各样星罗棋布的湖泊和山涧瀑布。无论是大气的温德米尔湖，还是娇小的葛拉斯米尔湖，一切都如同 18 世纪的英伦田园诗。躺在天鹅绒般柔软鲜嫩的绿草地上，晒着阳光，捧一本《莎士比亚诗集》，即便不是诗人，在这翠绿温润的景色中，也能拥有几分诗气了。

湖区的自然美景和深厚的人文底蕴，让人们陶然忘返。日近黄昏，阳光羞涩地从树枝的缝隙间洒下。德温特湖四面环山，其中一面较缓的山坡被牧羊人当做天然的牧场。夕阳下，那一只只绵羊好像都披上了美丽的霞衣，准备去参加盛大的宴会。

欣赏着如风景画般的山林美景，沉浸于这里独有的悠闲世界，贴近自然，感觉自己仿佛有了翅膀，飞向这美丽、静谧的天堂。

石头教堂

在埃塞俄比亚中心地带的山区，坐落着13世纪"新耶路撒冷"的11座窑洞教堂。这些教堂位于一处由环形住宅组成的传统村落附近，用11块中世纪的整块石料敲凿而成。

拉利贝拉的石头教堂是在形成拉斯塔高原的大片红色火山石灰石上开凿而成的，是12世纪和13世纪基督教文明在埃塞俄比亚繁荣发展的非凡产物。

王国的新首都建于拉斯塔地区一座山的旁边，它现在是坐落在海拔2600米处的一个小镇，是拉利贝拉的隐修中心，是以在那里开凿教堂的扎格国王的名字命名的，意在将它建成一个新"圣城"。

拉利贝拉有11个中世纪的教堂和小教堂，它们在一条大部分干涸的溪流——约旦河两边分为两个截然不同的群体，几乎没有高出地平面。其中4个是在整块石头上开凿的，其余的则要小些，要么用半块石头凿成，要么开凿在地下，用雕刻在岩石上的立面向信徒标示其位置。每个群体都是一个由某种围墙围绕着的有机整体，游客在里面可沿着在石灰石上开凿的小径和隧道网四处漫游。

独石教堂矗立在7～12米深的井状通道的中央，是在由深沟将高原的其他部分与之分离出来的岩石上直接雕刻出来的。雕刻自顶部（穹顶、天花板、拱门和上层窗户）始，一直延续到底部（地板、门和基石）。为了使夏季影响这

一地区的滂沱大雨能通畅地排掉，用这种方法创造的空间平面呈轻度倾斜状。建筑物的突出部分，如屋顶、檐沟、飞檐、过梁和窗台的突出程度视雨水的主要方向而定。

拉利贝拉的教堂中最引人注目的或许是耶稣基督教堂，它长33米，宽23米，高11米，精雕细刻的飞檐由34根方柱支撑。这是埃塞俄比亚唯一一个有5个中殿的教堂，据16世纪葡萄牙使馆派往所罗门宫廷的弗朗西斯科·阿尔瓦雷斯神父说，过去的阿克苏姆大教堂也有5个中殿。

根据基督教的惯例，有3个分别面向东、北和南的门通向教堂内部。这是按长方形廊柱大厅式基督教堂修建的。呈东西向，隔成8间，28根支撑半圆形拱顶的支柱成行排列其间。

圣乔治教堂坐落在一个近乎方形的竖井状通道（22～23米）的底部，与其他教堂相分离，形似希腊十字架。它的地基很高，里面既无绘画，也无雕塑，因为这些东西会转移人们对其和谐而简单的线条的注意力。天花板上，十字架的每个臂都与一个半圆拱相交，而这些半圆拱是在矗立在中央空间的4个角的壁柱上雕刻出来的。虽然这个建筑的低层窗户属阿克苏姆风格，但高层窗户上却有着与各个教堂相类似的带花饰的尖拱。

相邻的圣玛丽亚教堂比耶稣基督教堂的面积小些，高度为9米。墙上的窗户为阿克苏姆风格，里面有3个中殿，其独特之处在于它们从上到下都覆盖着有代表意义的几何图案（希腊十字、万字饰、星形和圆花饰）和动物图案（鸽子、凤凰、孔雀、瘤牛、大象和骆驼）的装饰性绘画及按福音书描绘耶稣和玛丽亚生活场景的壁画，但大多已损坏。一些专家认为这些绘画可追溯到扎拉·雅各布国王（1434～1465）统治时期。主门之上是一个描绘两个骑手杀死一条龙的浅浮雕，由于埃塞俄比亚的圣所中很少有动画雕刻（实际上，在基督教的中东地区都是这样），所以这幅雕塑属珍品之列。

圣迈克尔、各各他教堂和三位一体教堂组成一个教堂群，其中最大的教堂——圣迈克尔教堂被用十字形支柱和谐地分为3个中殿，供奉耶稣受难像的各各他教堂的最显著特征是在其两个中殿的墙壁上雕刻的7个真人大小的牧师系列像。此外，它的壁龛中还有一个基督墓。

墨丘利教堂和天使长加百列与拉斐尔教堂为地下教堂，起初用于非宗教目的，后被圣化。它们一度可能是王室住宅。往前不远，利巴诺斯教堂既有独石教堂的特点，又有地下教堂的特点。它的四边被一个环绕四周、内部挖空的高高的长廊与山分开，而其顶部却与高处的岩石块连为一体。埃马努埃尔教堂是一个有着3个中殿的长方形教堂，具有阿克苏姆古典风格的所有特点。

布达拉宫

布达拉宫始建于公元7世纪藏王松赞干布时期，距今已有1300年的历史。

唐初，松赞干布迎娶唐朝宗室女文成公主为妻，为夸耀后世，在当时的红山上建九层楼宫殿1000间，取名布达拉宫以居公主。据史料记载，红山内外围城三重，松赞干布和文成公主宫殿之间有一道银铜合制的桥相连。布达拉宫东门外有松赞干布的跑马场。当由松赞干布建立的吐蕃王朝毁灭之时，布达拉宫的大部分毁于战火。

明末，在蒙古固始汉的武力支持下，五世达赖建立葛丹颇章王朝。1645年，开始重建布达拉宫，五世达赖由葛丹颇章宫移居白宫顶上的日光殿，1690年，在第巴桑杰嘉错的主持下，修改红殿五世达赖灵塔殿，1693年竣工。以后经历代达赖喇嘛的扩建，才达到今日的规模。

布达拉宫整体为石木结构，宫殿外墙厚达2～5米，基础直接埋入岩层。墙身全部用花岗岩砌筑，高达数十米，每隔一段距离，中间灌注铁汁，进行加固，提高了墙体抗震能力，坚固稳定。

屋顶和窗檐用木质结构，飞檐外挑，屋角翘起，铜瓦鎏金，用鎏金经幢、宝瓶、摩羯鱼和金翅鸟做脊饰。闪亮的屋顶采用歇山式和攒尖式，具有汉代建

筑风格。屋檐下的墙面装饰有鎏金铜饰，形象都是佛教法器式八宝，有浓重的藏传佛教色彩。柱身和梁仿上布满了鲜艳的彩画和华丽的雕饰。内部廊道交错，殿堂杂陈，空间曲折莫测，置身其中，步入神秘世界。

布达拉宫内部绘有大量的壁画，构成一座巨大的绘画艺术长廊，先后参加壁画绘制的有近二百人，用去十余年时间。壁画的题材有西藏佛教发展的历史，五世达赖喇嘛生平，文成公主进藏的过程，西藏古代建筑形象和大量佛像、金刚，是一部珍贵的历史画篆。布达拉宫中各座殿堂中保存有大量的珍贵文物和佛教艺术品。五世达赖喇嘛的灵塔，坐落在灵塔殿中。塔高 14.85 米，是宫中最高的灵塔，塔身用黄金包裹，并嵌满各种珠宝玉石，建造中耗费黄金 11 万两。其他几座灵塔虽不如达赖喇嘛灵塔高大，其外表的装饰同样使用大量黄金和珠宝，可谓价值连城。

落拉康殿中有大型铜制坛城，坛城是佛教教义中世界构造的立体模型，也是佛的居住地。说法的讲坛，造型别致，装饰华丽。

宫宇叠砌、迂回曲折、同山体有机地融合，这是布达拉宫给人最为直接的感受。其主楼有 13 层，高 110 米，自山脚向上，直至山顶。整体建筑主要由东部的白宫（达赖喇嘛居住的部分）、中部的红宫（佛殿及历代达赖喇嘛灵塔殿）及西部白色的僧房（为达赖喇嘛服务的亲信喇嘛居住）组成。在红宫前还有一片白色的墙面为晒佛台，这是每当佛教节庆之日，用以悬挂大幅佛像的地方。

作为藏传佛教的圣地，每年到布达拉宫的朝圣者及旅游观光客总是不计其数。他们一般由山脚无字石碑起，经曲折石铺斜坡路，直至绘有四大金刚巨幅壁画的东大门，并由此通过厚达 4 米的宫墙隧道进入大殿。在半山腰上，有一处约1600 平方米的平台，这是历代达赖观赏歌舞的场所，名曰德阳夏。由此扶梯而上经达松格廊廊道，便到了白宫最大的宫殿东大殿。有史料记载，自 1653 年清朝顺治皇帝以金册金印敕封五世达赖起，达赖转世都须得到中央政府正式册封，并由驻藏大臣为其主持坐床、亲政等仪式。此处就是历代达赖举行坐床、亲政大典等重大宗教、政治活动的场所。

红宫是达赖的灵塔殿及各类佛堂。共有灵塔 8 座，其中五世达赖的是第一座，也是最大的一座。据记载，仅镶包这一灵塔所用的黄金就达 11.9 万两之多，并且经过处理的达赖遗体就保存在塔体内。西大殿是五世达赖灵塔殿的享堂，它是红宫内最大的宫殿。殿内除乾隆御赐"涌莲初地"匾额外，还保存有康熙皇帝所赐大型锦绣幔帐一对，此为布达拉宫内的稀世珍品。传说康熙皇帝为了织造这对幔帐，曾专门建造了工场，并费工一年才得以织成。从西大殿上楼经画廊就到了曲结竹普（即松赞干布修法洞），这座公元 7 世纪的建筑是布达拉宫内最古老的建筑之一，里面保存有松赞干布、文成公主及其大臣的塑像。红宫内的最高宫殿名叫萨松朗杰（意为胜三界），其内供奉有清乾隆皇帝画像和"万岁"牌位。

今天，人们眼中的布达拉宫，不论是就其石木交错的建筑方式，还是从宫殿本身所蕴藏的文化内涵来看，都能感受到它的独特性。统一花岗石的墙身；木制屋顶及窗檐的外挑起翘设计；全部的铜瓦鎏金装饰，以及由经幢、宝瓶、摩羯鱼、金翅鸟做脊饰的点缀……这一切完美配合使整座宫殿显得富丽堂皇。大殿内的壁画亦算是布达拉宫内一道别致风景。独特的布达拉宫同时又是神圣的，因为在今天的中国，每当提及它时都会很自然地联想起西藏。俨然在人们心中，这座凝结藏族劳动人民智慧又目睹汉藏文化交流的古建筑群，已经以其辉煌的雄姿和藏传佛教圣地的地位，绝对地成为了藏民族的象征。

空中花园

一提到巴比伦文明，令人津津乐道、浮想联翩的首先是"空中花园"。它被誉为世界八大奇迹之一。

巴比伦的"空中花园"当然从来都不是吊于空中，这个名字的由来纯粹是因为人们把原本除有"吊"之外，还有"突出"之意的希腊文"kremastos"及拉丁文"pensilis"翻译错误所致。

千百年来，关于"空中花园"有一个美丽动人的传说。新巴比伦国王尼布甲尼撒二世（Nebuchadnezzar II，公元前 605～前 562 年在位）娶了米底的公主米梯斯为王后。公主美丽可人，深得国王的宠爱。可是时间一长，公主愁容渐生。尼布甲尼撒不知何故。公主说："我的家乡山峦叠翠，花草丛生。而这里是一望无际的巴比伦平原，连个小山丘都找不到，我多么渴望能再见到我们家乡的山岭和盘山小道啊！"原来公主得了思乡病。于是，尼布甲尼撒二世令工匠按照米底山区的景色，在他的宫殿里，建造了层层叠叠的阶梯形花园，上面栽满了奇花异草，并在园中开辟了幽静的山间小道，小道旁是潺潺流水。工匠们还在花园中央修建了一座城楼，矗立在空中。巧夺天工的园林景色终于博得公主的欢心。由于花园比宫墙还要高，给人感觉像是整个御花园悬挂在空中，因此被称为"空中花园"，又叫"悬苑"。当年到巴比伦城朝拜、经商或旅游的人们老远就可以看到空中城楼上的金色屋顶在阳光下熠熠生辉。所以，到公元 2 世纪，希腊学者在品评世界各地著名建筑和雕塑品时，把"空中花园"列为"世界七大奇观"之一。从此以后，"空中花园"更是闻名遐迩。

令人遗憾的是，"空中花园"和巴比伦文明其他的著名建筑一样，早已湮没在滚滚黄沙之中。我们要了解"空中花园"，只能通过后世的历史记载和近代的考古发掘。

不过也有些记载，虽然提到了"空中花园"，但认为传说中的"空中花园"

并不是由尼布甲尼撒二世建造的，而是一位叙利亚国王为取悦他的一个爱妃而特意修筑的。有些记载甚至认为传说中的"空中花园"实际上指的是亚述国王辛那赫里布在其都城尼尼微修筑的皇家园林。

直到 19 世纪末，德国考古学家发掘出巴比伦城的遗址。他们在发掘南宫苑时，在东北角挖掘出一个不寻常的、半地下的、近似长方形的建筑物，面积约1260 平方米。这个建筑物由两排小屋组成，每个小屋平均只有 6.6 平方米。两排小屋由一走廊分开，对称布局，周围被高而宽厚的围墙所环绕。西边那排的一间小屋中发现了一口开了三个水槽的水井，一个是正方形的，两个是椭圆形的。根据考古学家的分析，这些小屋可能是原来的水房，那些水槽则是用来安装压水机的。因此，考古学家认为这个地方很可能就是传说中的"空中花园"的遗址。当年巴比伦人用土铺垫在这些小屋坚固的拱顶上，层层加高，栽种花木。至于灌溉用水是依靠地下小屋中的压水机源源不断供应的。考古学家经过考证证明，那时的压水机使用的原理和我们现在使用的链泵基本一致。它把几个水桶系在一个链带上与放在墙上的一个轮子相连，轮子转动一周，水桶就跟着转动，完成提水和倒水的整个过程，水再通过水槽流到花园中进行灌溉。这种压水机现在仍在两河流域被广泛使用。而且，考古学家也的确在遗址里发现了大量种植花木的痕迹。然而，到目前为止，在所发现的巴比伦楔形文字的泥版文书中，还没有找到确切的文献记载。因此，考古学家的解释是否正确仍需进一步研究。总之，传说中的"空中花园"，它的真实面目依旧隐藏于历史的迷雾之中。

巴比伦"空中花园"最令人称奇的地方是那个供水系统，因为巴比伦雨水不多，而"空中花园"的遗址相信亦远离幼发拉底河，所以研究人员认为"空中花园"应有不少输水设备，奴隶不停地推动连紧着齿轮的把手，把地下水运到最高一层的储水池，再经人工河流返回地面。另一个难题，是在保养方面，因为一般的建筑物，要长年抵受河水的侵蚀而不塌下来是不可能的，由于美索不达米亚平原（Mesopotamianplain）没有太多石块，因此研究人员相信"空中花园"所用的砖块与别的不同，砖块中加入了芦苇、沥青及瓦，更有文献指出石块中加入了一层铅，以防止河水渗入地基。

圣菲波哥大城

圣菲波哥大历史悠久。在远古时代，这里一直是印第安人的栖息地。1498年，哥伦布曾到过哥伦比亚海岸。

波哥大始建于1538年，最初为印第安奇布查人的文化中心。1536年，西班牙殖民者贡萨洛·希门尼斯·德克萨达率领殖民军到达这里，残酷屠杀印第安人，幸存者纷纷逃往他处。1538年8月6日，殖民主义者在这块洒满印第安人鲜血的土地上破土动工，兴建波哥大圣菲城，1819—1831年它被定为大哥伦比亚首都。

1785年和1827年，该城两次遭到地震的破坏。重建后，城区不断扩大，并逐渐成为哥伦比亚全国的政治文化中心，于1886年被定为哥伦比亚共和国首都。1991年7月2日，哥伦比亚全国修宪大会通过决议，决定将波哥大改名为圣菲波哥大，并决定从是年7月3日开始正式使用这一名称。

圣菲波哥大是一座具有南美特色的历史文化古城，城内许多名胜古迹蜚声于世。16、17世纪所建的大学、博物馆、天文台、教堂等古老建筑迄今保存完好。

玻利瓦尔广场是根据西班牙王室命令建造的西班牙式大广场，其中的大教堂是在原西班牙教堂的旧址上兴建的。大教堂气势宏伟，两端的两座钟楼高高耸立，塔尖直指苍穹。广场中央，一座西蒙·玻利瓦尔骑着骏马的高大雕像矗立在约3米高的碑身上，雄伟庄严；四周装有带彩灯的喷泉，每到夜晚，彩灯大开，泉水四射，流光闪烁，五彩缤纷。

广场四周耸立着形态各异的雄伟建筑。富丽堂皇的圣卡尔洛斯宫，是一座已有300多年历史的古老建筑，曾先后作为圣菲皇家图书馆和独立后的国家总统府。当年玻利瓦尔曾在宫内居住过，院内有他亲手栽种的胡桃树，1828年9月25日，他为躲避一次暗杀，曾从临街的窗户一跃而下，逃到圣阿古斯丁河石桥下隐藏了两个小时才幸免于难，如今在这扇窗户上，还悬挂着记载此事经过的木牌。坐落在玻利瓦尔雕像后面的国会大厦，修建在波哥大建城时的遗址上，内有反映奴隶获得自由时狂欢场面的大型壁画，椭圆形玻璃大厅是举行隆重宴会的地方，大厦建筑式样别致，格外引人注目。

波哥大城内古老教堂众多，有著名的圣伊格纳西奥教堂、圣弗朗西斯科教堂、圣克拉拉教堂、贝拉克鲁斯教堂等。

圣伊格纳西奥教堂建于 1605 年，迄今保存完好，教堂内摆设在祭台上的一件件金制品，制作精美、巧夺天工，是出自古代印第安人之手的稀世珍品。

圣弗朗西斯哥科教堂，建于 1567 年，是哥伦比亚最辉煌、最美丽的教堂。教堂内悬挂着哥伦比亚著名画家瓦斯克斯、菲盖罗阿和厄瓜多尔画家米盖尔·德圣地亚哥的作品。圣伊格那西奥大教堂别具风格，教堂中怪诞的形式，复杂的祭坛木雕画是由瓦斯克斯制作的。人们还可在此观赏到绿宝石镶嵌的著名的纯金饰品，这些贵重的饰物是由何塞·德加拉斯花了 7 年时间镶制成的。

波哥大市中心的圣坦德尔公园内有世界上规模最大的黄金博物馆——哥伦比亚黄金博物馆，也是国家的重要古迹之一。博物馆始建于 1939 年，当时只有几个农民提供 10 多件展品，现已收集到 3.5 万多件金器。馆内的展品琳琅满目、富丽堂皇，都是古代印第安人的装饰品和举行各种宗教仪式用的器皿，如耳环、鼻环、项链、别针、手镯、脚镯和各种壶、杯、碟、碗、盘、面具、香炉等，多达 2.4 万件。

这些珍贵的艺术品，大多是用微薄如纸的金箔、细如发丝的金线制作的，每件金器上都带有一定含义的形象和图案。据说，这些金器是印第安人在公元前 2000 年到 16 世纪之间制作的，可见当时的印第安人的冶炼技术和工艺水平已达多么高的程度。游客在开始参观时，黄金博物馆大厅内一片漆黑，伸手不见五指。突然，灯光齐明，大厅四周玻璃柜里的各种黄金展品，霎时金光闪闪，

光彩夺目。正当观众如临仙境之时，悦耳的印第安乐曲缓缓四起，仿佛把人们带入神话般的黄金世界。

馆内最吸引人的是"黄金大厅"，展出的是数百件稀世珍品。馆内灯火通明，播送的印第安音乐清脆悦耳，使人仿佛漫游在神话中的"黄金世界"。

市内的历史博物馆是反映印第安人文明的古建筑，曾被称作"圆形监狱"。现在已经开辟成考古、种族的历史博物馆，馆内除了收藏着许多珍贵的历史文物外，还陈列着上千具木乃伊，供研究和参观。

圣菲波哥大还有许多引人入胜的自然风景名胜。蒙塞拉山风景区在城市北部，海拔3600多米，一座白色的教堂依山而筑。乘电缆车从山脚到山顶仅需10分钟，站在山巅眺望，全城景色尽收眼底。近郊山丘环绕，树木青翠，盛产绿宝石和鲜花。绿宝石蕴藏量居世界首位，鲜花出口是哥伦比亚外汇收入的重要来源之一。

波哥大城市区主要街道笔直宽阔，来往车道之间有草坪花圃相隔。大街小巷、宅旁空地和房屋阳台上，都种植着各种花卉。大街上到处都是出售鲜花的小摊，摊上摆满了丁香、小菊、石竹、兰花、一品红、杜鹃以及许许多多不知名的奇花异卉，含笑盈枝，绚丽多彩，香气袭人，将一座高楼林立的城市点缀得万紫千红，格外美丽。离市区不远的特肯达马瀑布，从悬崖峭壁上飞流直下，高度达152米，水珠散飞，雾气腾腾，气象万千，蔚为壮观，被列为哥伦比亚的奇景之一。

阿斯旺大坝

尼罗河上所筑的阿斯旺高坝，为世界七大水坝之一。它横截尼罗河水，高峡出平湖。高坝长 3830 米，高 111 米。1960 年在原苏联援助下动工兴建，1971 年建成，历时 10 多年，耗资约 10 亿美元，使用建筑材料 4300 万立方米，相当于大金字塔的 17 倍，是一项集灌溉、航运、发电为一体的综合利用工程。高坝建成后，其南面形成一个群山环抱的人工湖。阿斯旺水库，湖长 500 多千米，平均宽 10 千米，面积 5000 平方千米，是世界第二大人工湖，深度和蓄水量则居世界第一。

阿斯旺大坝 1960 年破土动工，五年后大坝合龙，1967 年阿斯旺（Aswan）大坝工程正式完工。这个大坝是当时世界上最大的高坝工程，它高 112 米、长 5 千米，将尼罗河拦腰切断，在高坝内形成了一个长 650 千米、宽 25 千米的巨大水库——纳赛尔湖。到 1970 年，大坝内安装的 12 部水电发电机组全部投入运转。

在 20 世纪 60 年代阿斯旺大坝兴建时，人们对大坝的认识还是片面的。阿斯旺大坝建成后陆续出现的生态和环境问题当中，有些是设计时预料到、但无法避免或无力解决的；有些则是有所预料、但对其后果的严重性估计不足的；还有些问题则是完全没有预料到的。直到今天，人们仍然认为，要精确地预测大坝对生态和环境的影响还是相当困难的。由于在兴建大坝前，要判断大坝工程的后果有很大的不可预测性，所以，目前很多国家的公众舆论和学者专家们往往对超大型水利设施的建设持反对或谨慎的态度。

综合评估大坝的利弊并非易事。首先，大坝对生态和环境的影响，很难用资金这个单一标准来综合衡量和测算；其次，目前人类还只是在观测大坝的近期后果，而对大坝的远期影响还很难预测判断，因为有些影响在大坝建成后的几十年内可能还不明显或尚未显露；另外，如何准确可靠地观测生态和环境的

变化还是一个难题，例如，河水含沙量、水库鱼产量、水量蒸发率等数据可以比较准确地采集，但是还有很多数据的观测分析还有待探讨研究；还有，究竟以哪些数据信息来对超大型水利设施的效果进行科学公正的评估，如何权衡判断利与弊，到底利多大、弊多深，利能否抵消弊，这些问题尚需深入探讨。到目前为止，世界上所有的超大型水利工程建成后，还没有一处建立起一个完整综合的生态和环境监测系统，上述的困难或许也是原因之一。

例如，从如何评价阿斯旺大坝对流行病发病率的影响这一问题中，就可以看出，综合评估大坝的利弊虽然非常必要，却是十分困难的。当年有的专家曾经提出，阿斯旺大坝建成后将会导致血吸虫病患大量增加，主要的理由是寄生钉螺在缓慢的流水中会迅速繁殖。但是，大坝建成后的统计数字却表明，大坝建成前后血吸虫流行指数的差别并不明显，而肠血吸虫则在大坝建成后有增加，具体原因目前尚不明了，但似与大坝无关。

然而，流行病发病率不仅受环境因素的影响，还受到其他因素如社会进步、经济发展、人口结构、居住迁移以及医疗卫生水平变化的影响。如果考虑到这些因素，分析大坝建成前后血吸虫流行指数的差别，就显得更复杂了。也许还需要在埃及找到一个经济、社会、医疗水平还停留在 20 世纪 30 ~ 50 年代状态的地区，这样才能观察到，在没有明显社会经济进步的情况下，建坝对血吸虫流行指数有什么影响。

实际上，仅仅讨论大坝对生态和环境的影响还是不够的。因为大坝对生态和环境的破坏会转变成对人类社会经济的损害。例如，阿斯旺大坝建成后，尼罗河两岸土地肥力的下降迫使农民不得不大量使用化肥，这大大提高了农业成本，降低了农业收益。1982 年有一位土壤学家估计，由于土壤肥力下降、大量使用化肥农药，使得农业净收入下降了 10%。结果，虽然因为水利灌溉条件的改善，使农作物由一年一季变为一年两季，单位土地面积的年产量增加了，但投入成本却增加得更快，导致农民净收入下降。

如果一个大坝已经建成多年，人类该如何面对它带来的种种正面、负面的影响呢？目前，世界各国民众主要有两种相反的看法。一部分环境保护人士主张废掉水库大坝及发电设施，他们认为，大坝所带来的各种效益与其产生的负面作用相比，是微不足道的。但另一部分人则认为，应该对大坝加以改造，既然大坝已经建成了，只好逐步治理相关的种种问题。从保护生态环境的角度来看，人类应该重视大坝对生态和环境的破坏，积极采取措施，设法减缓这些负面影响，"亡羊补牢，犹未晚也"。但是，也要看到，大坝对生态和环境的破坏，有些是持久性的、难以治理的。所以，当我们在考虑大坝的直接经济收益时，万万不可无视大坝的负面后果。

悉尼歌剧院

悉尼歌剧院是从 20 世纪 50 年代开始构思兴建，1955 年起公开搜集世界各地的设计作品，至 1956 年共有 32 个国家 233 个作品参选，后来丹麦建筑师约恩·乌松的设计脱颖而出，共耗时 16 年、斥资 1200 万澳币完成建造，为了筹措经费，除了募集基金外，澳洲政府还曾于 1959 年发行悉尼歌剧院彩券。

在建造过程中，因为改组后的澳洲新政府与约恩·乌松失和，使得这位建筑师愤而于 1966 年离开澳洲，从此再未踏上澳洲土地，连自己的经典之作都无法亲眼目睹。之后的工作由澳洲建筑师群合力完成，包括 Peter Hall、Lionel Todd 与 David Littlemore 三位，悉尼歌剧院最后在 1973 年 10 月 20 日正式开幕。

悉尼歌剧院的外观为三组巨大的壳片，耸立在南北长 186 米、东西最宽处为 97 米的现浇钢筋混凝土结构的基座上。第一组壳片在地段西侧，四对壳片成串排列，三对朝北，一对朝南，内部是大音乐厅。第二组在地段东侧，与第一组大致平行，形式相同而规模略小，内部是歌剧厅。第三组在它们的西南方，规模最小，由两对壳片组成，里面是餐厅。其他房间都巧妙地布置在基座内。

整个建筑群的入口在南端，有宽97米的大台阶。车辆入口和停车场设在大台阶下面。悉尼歌剧院坐落在悉尼港湾，三面临水，环境开阔，以特色的建筑设计闻名于世，它的外形像三个三角形翘首于河边，屋顶是白色的形状犹如贝壳，因而有"翘首遐观的恬静修女"之美称。

歌剧院整个分为三个部分：歌剧厅、音乐厅和贝尼朗餐厅。歌剧厅、音乐厅及休息厅并排而立，建在巨型花岗岩石基座上，各由4块巍峨的大壳顶组成。这些"贝壳"依次排列，前三个一个盖着一个，面向海湾依抱，最后一个则背向海湾侍立，看上去很像是两组打开盖倒放着的蚌。高低不一的尖顶壳，外表用白格子釉磁铺盖，在阳光照映下，远远望去，既像竖立着的贝壳，又像两艘巨型白色帆船，飘扬在蔚蓝色的海面上，故有"船帆屋顶剧院"之称。那贝壳形尖屋顶，是由2194块每块重15.3吨的弯曲形混凝土预制件，用钢缆拉紧拼成的，外表覆盖着105万块白色或奶油色的瓷砖。据设计者晚年时说，他当年的创意其实是来源于橙子。正是那些剥去了一半皮的橙子启发了他。而这一创意来源也由此刻成小型的模型放在悉尼歌剧院前，供游人们观赏这一平凡事物引起的伟大构想。

悉尼歌剧院（Sydney Opera House）不仅是悉尼艺术文化的殿堂，更是悉尼的灵魂，来自世界各地的观光客每天络绎不绝，前往参观拍照。清晨、黄昏或星空，不论徒步缓行或出海遨游，悉尼歌剧院随时为游客展现不同多样的迷人风采。

每一个城市都有它的标志，到过和没有到过悉尼的人，大概对世界著名的悉尼歌剧院都会有耳闻。造型独特的悉尼歌剧院是悉尼的标志，它的意义远远超出于歌剧院本身了。当然，每一年在此举行的歌剧芭蕾舞等各种演出，也是许多澳洲人一年之中的重要节目。

雪白的贝壳造型的悉尼歌剧院，坐落在碧绿的海水和皇家公园宁静的草地森林之间，它给人的感觉既壮观又精致，既气象万千又微妙细腻。歌剧院所在的这片邻水地区也叫做环形码头，它离市中心很近，是悉尼重要的水路，每一天这里出发的船只运送着无数上下班的人和旅行的人。歌剧院于是并不是一个独立的个体，它和左边的这些美丽的码头、右边的皇家公园构成了一处富丽堂皇的整体景色。

每到周末，环形码头小路的两边有很多唱歌的、弹琴的、做杂耍的和搞人体雕塑的艺人，路人或者站着或者围坐在他们周围欣赏着探询着；他们用阳光一样开朗的神情和路人交流着；歌剧院门前的广场上，常常有免费露天音乐会。周末，这里是悉尼人也是旅游者酷爱的休闲地。你可以坐在海边，安静地喂着鸽子，看着海水听听歌，也可以加入露天音乐会随着节奏手舞足蹈。

塔 尔 寺

塔尔寺是藏传佛教格鲁派创始人宗喀巴的诞生地。相传在他降生后，剪脐带滴血的地方长出一株白檀香树，树上长出十万片显现出狮子吼佛像的叶子。明洪武十二年（1379年），宗喀巴母亲依儿子信中嘱咐，以这株白檀香树和宗喀巴所寄狮子吼佛像为胎藏，砌石筑塔，以此纪念宗喀巴大师，塔尔寺由此得名。到明嘉靖年间，这里又先后建起一座坐禅静房和一座弥勒佛殿，塔尔寺初具规模，藏名称之"衮本贤巴林"，意为"十万身像慈氏洲寺"。

塔尔寺经明朝以来历代陆续增修扩建，逐步发展成有众多殿宇、经堂、佛塔、僧舍组成的具有鲜明的民族特色和地方风格的古建筑群，全寺占地六百余亩，殿堂五十二座，僧舍等九千三百余间，僧人最多时达三千六百余人。

塔尔寺在佛、法、僧学、文化艺术、外事、供给、组织管理等方面，有一个非常发达完备的寺院系统。由于它在历史上的政治特殊性和宗教地位，使之成为西北地区佛教活动中心，而且在遍布全国的藏、蒙、土、裕固、纳西等民族群众中有广泛的影响。四百多年来，这里香火繁盛，人文荟萃，历代王朝政

府对它关心备至，大力扶持，封授塔尔寺高级僧侣以各种尊号，给予优厚的赏赐。许多藏族历史上著名的高僧大德也对它特别厚爱，他们生前在这里讲经弘法，建殿造像，捐献大量法器，死后也在这里立塔埋骨，给塔尔寺留下大量珍贵文物、圣物法器。

塔尔寺四山环抱，殿宇雄伟，佛像庄严，梵塔棋布。其中大金瓦寺、小金瓦寺和大经堂为全寺主体殿堂。大金瓦寺初建于明嘉靖年间，建筑面积456平方米，大殿为3层通高19米的歇山式建筑，殿顶覆以镏金铜瓦，殿脊安置有"金轮""金幢""金鹿"，飞檐四出，各具形式。墙面用琉璃瓦砌成，图案精美，殿内有被誉为"世界第一庄严"的大银塔，殿堂正门上方悬有清乾隆皇帝御题"梵教法幢"匾额。整个大殿拔地而起，突出于周围建筑物之上，金顶红墙，灿烂雄伟，威严庄重。这里是主供宗喀巴和做法事的重要场所。小金瓦寺初建于明崇祯四年（1631年），为"四合院"式布局，藏式双层平顶建筑，覆以镏金铜瓦的金顶，顶脊置有法器圣物，殿内主供各护法神像，陈列有被护法神制服的代表恶魔的熊、野牛、野羊等标本，这里充满威严、神秘的气氛。大经堂初建于明万历四十年（1612年），1912年失火焚毁后重修，总建筑面积2750平方米，经堂为平顶式建筑，是全寺面积最大的殿堂，气势宏伟，经堂内矗立的168根藏式楞柱对称排列，外裹有彩绘毛毯，柱间悬挂各种堆绣的卷轴画和幡幢、宝盖等，正上方供有无数佛像、藏文经典，设有达赖、班禅以及法台座，地上铺以地毯坐垫，可供三千僧人集体诵经。这里是全寺的经堂，也是塔尔寺显宗学院所在地。

除主体殿堂外，还有弥勒殿、九间殿、三世达赖灵塔、释迦殿、依怙殿、祈寿寺、居巴扎仓（密宗学院）、曼巴扎仓（医明学院）、丁科尔扎仓（时轮学院）、如来八塔、时轮塔印经院、活佛府邸、大厨房等建筑。其中令人称奇的是位于东北角上的大厨房，内设五口大生铜锅，据说这五口锅可容一石米、十头牛、二十只羊、五斗葡萄及蕨麻，不过只有在全寺僧人举行诵经等集体宗教活动才能派上用场。塔尔寺除有各种精美的佛像、法器、卷轴画和匾碑外，还保存有宋代的瓷坛、明代的龙瓷瓶、清代的龙鱼瓶、玉雕观音等众多珍贵文物。

塔尔寺吸引大量香客游人是在每年农历正月、四月、六月、九月举行的祈愿法会之际，当地人称为"四大观经"。祈愿法会是寺僧向诸佛、菩萨献供、祈愿、诵经的法事活动，会上除进行一般的宗教仪式外，还有晒佛、跳欠、转金佛、晾宝等富有特色的宗教活动。

"晒大佛"是四月观经的农历四月十五上午和六月观经的六月初六上午，在寺东侧的莲花山坡展开所藏巨型堆绣佛像一幅，佛像长30米，宽20米，众僧在大佛前演奏法乐，诵经祈祷，游客蜂拥而至，信徒顶礼膜拜，气氛甚为隆重庄严。

跳欠是一种独特的带有浓厚宗教色彩的舞蹈形式（起源于藏族的土风舞），俗称"哑社火"。常见的有在正月十四、四月十四、六月初七演出的"法王舞"和四月十五、六月初八、九月二十三演出的"马首金刚舞"两种。演员身着各种舞衣，头戴面具，舞姿独特，其表演旨在驱逐魔鬼，驱除不祥之物。六月初八上午举行的"转金佛"，是僧众所谓祈愿来世佛弥勒菩萨降临人间的法事仪式。众僧簇拥一乘玲珑精巧、四角饰有飞檐、内供弥勒金像的彩轿，彩旗幡幢蔽日，法乐喧天，在仪仗队前导下绕寺一周，寺僧各执寺中宝物一件尾随，香客游人云集，鱼贯而行，场面十分壮观。九月法会的二十二日，寺院开放所有佛殿及文物库房，供僧俗瞻仰，称为"晾宝"。此外，尚有十月二十五日宗喀巴诞、忌辰的"燃灯节"和年终辞旧迎新的祈祷会等。

塔尔寺是藏文化艺术的宝库。塔尔寺在大经堂建成之时首建显宗学院，讲经开法，系统学习因明、般若、中观、俱舍、戒律等显宗经典，到清嘉庆二十二年（1817年）又先后创建起了密宗学院、医明学院、跳神院和时轮学院，从而形成系统正规的学经制度，字习密宗经典和天文、历算、医学、法乐、舞蹈（跳欠）等方面的知识。现存有数以万计的有关佛学、藏族历史、文学、语言等方面的文献图书，是藏学研究的珍贵资料。此外，塔尔寺被誉为艺术"三绝"的酥油花、壁画和堆绣，当之无愧是藏文化园地中的奇葩。

中国护珠塔

世界上最著名的斜塔毫无疑问是比萨斜塔，但在其他国家或地区也有斜塔，只不过没有比萨斜塔那么有名罢了。在我国上海南面的天马山上，就有一座斜而不倒的塔——护珠塔。现在护珠塔向东南倾斜六度五十一分五十二秒，有人认为它比世界著名的意大利比萨斜塔倾斜得还要厉害，是世界第一斜塔。当然，这个说法没有被世界公认，但说它是中国第一斜塔，恐怕没有人反对。

当你登临天马山颠，环顾四野，阡陌纵横，河流如带，村镇星罗棋布，远山皆在脚下，令人心旷神怡。近看护珠塔，只见塔的底层已有三分之一的块砖没有了，整个斜塔仅靠三分之二不到的底层砖墙支撑着。塔的顶部早已没有，各层腰檐木结构的痕迹，还是隐约可见。塔旁写着危险的警告牌。走进塔内，空无一物，抬头仰望，极目苍天，加上山顶风大，好像危塔马上就要从头顶倒下来似的，令人胆寒。

护珠塔又名宝光塔，建于北宋元丰二年（1079年），是一座七层八角形的砖木结构的楼阁式宝塔，现高约30多米。在清朝乾隆五十三年（1788年），山上因作佛事，燃放爆竹，引起火灾，烧毁了塔心木和各层木结构，引起塔身倾斜。护珠塔至今已有九百多年的历史，南宋年间重修过，到乾隆年间又被大火焚烧。二百年来，塔虽倾斜，却始终屹立于天马山巅，斜而不倒。究其原因，众说纷纭，今择数说，介绍于下。

第一种是当地传说，塔是向东南倾斜的，而在塔的东南面有一株古银杏树，它是"松郡九峰"之一的辰山仙人彭素云在五百年前种植的，树的枝叶皆西向，后来树虽枯死，但它依靠神力，对护珠塔遥向支撑，所以使塔不倒。这是一个美丽的神话，仅是人们的良好愿望，当然不足为信。

第二种说法是根据地质构造来分析的，据有关专家考察，天马山护珠塔是建造在沉陷不匀的地基上，东南方向土质较弱，西北方向土质较强，塔于是向东南方向倾斜。但浙江一带多东南风，护珠塔造在天马山顶，四周空旷，所受风力更强，在塔的倾斜力与风力相平衡时，护珠塔能迎风挺立，斜而不倒。

第三种意见是根据古代建筑技术来解释的，认为是古代造塔技术的高超所致。古代用糯米汁拌以桐油石灰，来黏合砖块。这种黏合剂的强度不亚于现代的水泥砂浆，据说用这种黏合剂来建筑时，时间愈久愈坚固。在考古发掘中，常发现古代的坟墓，是用糯米汁拌以石灰等作为黏合剂的，现在发掘古墓时，还要花很大的力量才能把它拆除。护珠塔用这种优良的黏合剂，加上古代砌砖技艺的精湛，使护珠塔能够浑然一体，塔砖不至于一块块塌落下来。

为了抢救这一座珍贵的千年古塔，1984 年 5 月开始，上海市文物管理委员会积极组织力量，对斜塔进行全面抢修，组织专家制订方案，贯彻"外貌不变，斜而不倒"的原则。在抢修时，发现塔身上部虽已倾斜，但埋入地下的塔基，却没有动，所以形成了斜而不倒的独特现象，这是第四种看法。

传说古代造塔时，砖缝里填有铜钱，一方面为了使砖层平整，宝塔坚固；另一方面，出于迷信，认为可以镇妖避邪。因而后来不断有人在塔砖中寻找铜钱，把塔砖拆掉，致使塔的底部毁坏更甚，逐渐倾斜。

从乾隆至今二百多年中，无数次的狂风暴雨，把山下的房屋都吹掀了。1954 年刮十二级台风，吹倒了塔下的大殿。1984 年黄海地震，上海市区的房屋也受到摇摆震动，但是护珠塔突兀地挺立在天马山颠，犹如一把利剑，直刺青天，迎风屹立，岿然不动。看来，护珠塔的确不同凡响。

敦煌石窟

莫高窟属全国重点文物保护单位，俗称千佛洞，被誉为 20 世纪最有价值的文化发现，坐落在河西走廊西端的敦煌，以精美的壁画和塑像闻名于世。现有洞窟 735 个，壁画 4.5 万平方米、泥质彩塑 2415 尊，是世界上现存规模最大、内容最丰富的佛教艺术圣地。近代以来又发现了藏经洞，内有 5 万多件古代文物，由此衍生专门研究藏经洞典籍和敦煌艺术的学科——敦煌学。1961 年，莫高窟被公布为第一批全国重点文物保护单位之一。1987 年，莫高窟被列为世界文化遗产，是中国四大石窟之一。

莫高窟位于中国甘肃省敦煌市东南 25 千米处的鸣沙山东麓断崖上，前临宕泉河，面向东，南北长 1680 米，高 50 米。洞窟分布高低错落、鳞次栉比，上下最多有五层。它始建于十六国时期，据唐《李克让重修莫高窟佛龛碑》的记载，前秦建元二年（公元 366 年），僧人乐僔路经此山，忽见金光闪耀，如现万佛，于是便在岩壁上开凿了第一个洞窟。此后法良禅师等又继续在此建洞修禅，称为"莫高窟"，意为"沙漠的高处"。后世因"漠"与"莫"通用，便改称为"莫高窟"。

莫高窟现存北魏至元的洞窟 735 个，分为南北两区。南区是莫高窟的主体，为僧侣们从事宗教活动的场所，有 487 个洞窟，均有壁画或塑像。北区有 248 个洞窟，其中只有 5 个存在壁画或塑像，而其他的都是僧侣修行、居住和亡后掩埋场所，有土炕、灶炕、烟道、壁龛、台灯等生活设施。两区共计 492 个洞窟存在壁画和塑像，有壁画 4.5 万平方米、泥质彩塑 2415 尊、唐宋木构崖檐 5 个，以及数千块莲花柱石、铺地花砖等。

敦煌石窟艺术是集建筑、雕塑、绘画于一体的立体艺术，古代艺术家在继承中原汉民族和西域兄弟民族艺术优良传统的基础上，吸收、融化了外来的表现手法，发展成为具有敦煌地方特色的中国民族风俗的佛教艺术品，为研究中国古代政治、经济、文化、宗教、民族关系、中外友好往来等提供了珍贵资料，是人类文化宝藏和精神财富。莫高窟现存有壁画和雕塑的 492 个石窟，大体可分为四个时期：北朝、隋唐、五代和宋、西夏和元。

开凿于北朝时期的洞窟共有 36 个，其中年代最早的第 268 窟、第 272 窟、第 275 窟可能建于北凉时期。窟形主要是禅窟、中心塔柱窟和殿堂窟，彩塑有圆塑和影塑两种，壁画内容有佛像、佛经故事、神怪、供养人等。这一时期的影塑以飞天、供养菩萨和千佛为主，圆塑最初多为一佛二菩萨组合，后来又加上了二弟子。塑像人物体态健硕，神情端庄宁静，风格朴实厚重。壁画前期多以土红色为底色，再以青绿褚白等颜色敷彩，色调热烈浓重，线条淳朴浑厚，人物形象挺拔，有西域佛教的特色。西魏以后，底色多为白色，色调趋于雅致，风格洒脱，具有中原的风貌。典型洞窟有第 249 窟、第 259 窟、第 285 窟、第 428 窟等。如第 243 石窟北魏时代的释迦牟尼塑像，巍然端坐，身上斜披印度袈裟，头顶扎扁圆形发髻，保留着犍陀螺样式。

隋唐是莫高窟发展的全盛时期，现存洞窟有 300 多个。禅窟和中心塔柱窟在这一时期逐渐消失，而同时大量出现的是殿堂窟、佛坛窟、四壁三龛窟、大像窟等形式，其中殿堂窟的数量最多。塑像都为圆塑，造型浓丽丰满，风格更加中原化，并出现了前代所没有的高大塑像。群像组合多为七尊或者九尊，隋代主要是一佛、二弟子、二菩萨或四菩萨，唐代主要是一佛、二弟子、二菩萨和二天王，有的还再加上二力士。这一时期的莫高窟壁画题材丰富、场面宏伟、色彩瑰丽，美术技巧达到空前的水平。如中唐时期制作的第 79 窟胁侍菩萨像中的样式。上身裸露，半跪坐式。头上合拢的两片螺圆发髻，是唐代平民的发式。脸庞、肢体的肌肉圆润，施以粉彩，肤色白净，表情随和温存。虽然眉宇间仍点了一颗印度式红痣，却更像生活中的真人。还有在第 159 窟中，也是胁侍菩萨。一位上身赤裸，斜结璎珞，右手抬起，左手下垂，头微向右倾，上身有些"左"倾，胯部又向右突，动作协调，既保持平衡，又显露出女性化的优美身段。

另外一位菩萨全身着衣，内外几层表现清楚，把身体结构显露得清晰可辨。衣褶线条流利，色彩艳丽绚烂，配置协调，身材修长，比例恰当，使人觉得这是两尊有生命力的"活像"。

五代和宋时期的洞窟现存有 100 多个，多为改建、重绘的前朝窟室，形制主要是佛坛窟和殿堂窟。从晚唐到五代，统治敦煌的张氏和曹氏家族均崇信佛教，为莫高窟出资甚多，因此供养人画像在这个阶段大量出现并且内容也很丰富。塑

像和壁画都沿袭了晚唐的风格，但愈到后期，其形式就愈显公式化，美术技法水平也有所降低。这一时期的典型洞窟有第61窟和第98窟等，其中第61窟的地图《五台山图》是莫高窟最大的壁画，高5米，长13.5米，绘出了山西五台山周边的山川形胜、城池寺院、亭台楼阁等，堪称恢弘壮观。

莫高窟现存西夏和元代的洞窟有85个。西夏修窟77个，多为改造和修缮的前朝洞窟，洞窟形制和壁画雕塑基本都沿袭了前朝的风格。一些西夏中期的洞窟出现回鹘王的形象，可能与回鹘人有关。而到了西夏晚期，壁画中又出现了西藏密宗的内容。元代洞窟只有8个，全部是新开凿的，出现了方形窟中设圆形佛坛的形制，壁画和雕塑基本上都和西藏密宗有关。典型洞窟有第3窟、第61窟和第465窟等。

1900年，在莫高窟居住的道士王圆箓为了将已被遗弃许久的部分洞窟改建为道观，而进行大规模的清扫。当他在为第16窟（现编号）清除淤沙时，偶然发现了北侧甬道壁上的一个小门，打开后，出现一个长宽各2.6米、高3米的方形窟室（现编号为第17窟），内有从公元4世纪到11世纪（十六国到北宋）的历代文书和纸画、绢画、刺绣等文物五万多件，这就是著名的"藏经洞"。

藏经洞的内壁绘菩提树、比丘尼等图像，中有一座禅床式低坛，上塑一位高僧洪辩的坐像，另有一通石碑，似未完工。从洞中出土的文书来看，最晚的写于北宋年间，且不见西夏文字，因此可推断藏经洞是11世纪时，莫高窟的僧人们为躲避西夏军队，在准备逃难时所封闭的。

莫高窟藏经洞是中国考古史上的一次非常重大的发现，其出土文书多为写本，少量为刻本，汉文书写的约占5/6，其他则为古代藏文、梵文、齐卢文、粟特文、和阗文、回鹘文、龟兹文等。文书内容主要是佛经，此外还有道经、儒家经典、小说、诗赋、史籍、地籍、账册、历本、契据、信札、状牒等，其中不少是孤本和绝本。这些对研究中国和中亚地区的历史，都具有重要的史料和科学价值，并由此形成了一门以研究藏经洞文书和敦煌石窟艺术为主的学科——敦煌学。

山岳峰峦大观

在古老的地球之上，有许多的奇观等待人们用智慧去解读。神奇而秀丽的山峰，到底有多少生动的传说与美丽的神话？那一座座高耸的山川，曾经又经过哪些诡秘的演变呢？

麦金利山

麦金利山原名迪纳利峰，是最早征服北美大陆的原住民因纽特人或印第安人沿用久远的名字，迪纳利在印第安语中的含义是"太阳之家"。后来，此山以美国第 25 届总统威廉·麦金利的姓氏命名为"麦金利山"。

麦金利山位于美国阿拉斯加州的大草原上，号称"美国屋脊"。系第三纪晚期和第四纪隆起的巨大穹隆状山体，有南北二峰，南峰即海拔 6193 米的北美洲最高峰，北峰高 5934 米。山上终年积雪，雪线高度为 1830 米。南坡降水量较多，冰川规模较大，有卡希尔特纳和鲁斯等主要冰川。山区由于受到温暖的太平洋暖流影响，气候比较温和，海拔 762 米以下生长着良好的森林。极目远眺整座山，绿色的森林，雪白的山峰，广阔的冰川，在阳光下相互辉映，风光优美，令人耳目一新。

地处雪域极地的麦金利山，是世界上最难征服的险山之一。层层冰盖掩住山体，无数冰河纵横其中，有时候，山间的风速可以达到每小时 160 千米。在这里，冬季最冷时气温低于-50℃，在这里登山如同是在北极探险。

从 18 世纪被发现一直到 1913 年，麦金利山才首次被人类征服，以特德森·斯图特为队长的四人登山队终于在 1913 年 6 月 7 日到达顶峰。后来，斯图特在其出版的《麦金利攀登》一书中描述了他们攀登中的经历："我们大部分时间待在冰川上，常常被浓雾、寒冷、潮湿以及阴暗所包围。周围陡峭的山上不时传来由不稳定雪层所造成的雪崩的巨响，雪崩前的雪雾经常盖过冰川。在雪崩前没有任何迹象，也不知道雪崩是否可能摧毁我们。”

时至今日，麦金利山攀登史上已有90余人葬身山谷，被冰雪永远埋葬，其中包括许多知名的登山家。尽管如此，登山者人数还是逐年上升。为什么他们要冒着生命之险去攀登麦金利山呢？山脚处一块石碑上刻着的新西兰登山家爱德蒙的名言回答了这个问题："因为山在那里！"山在那里，美也在那里，麦金利山以其无与伦比的天然魅力吸引着来自世界各地的登山探险队。

丹　霞　山

丹霞山位于中国广东省北部，处于韶关市仁化、曲江两县交界地带。丹霞山被誉为岭南第一奇山。山体由红色沙砾岩组成，沿垂直节理发育的各种丹霞奇峰极具特色，被称为"中国红石公园"。这里是"丹霞地貌"的命名地。狭义的丹霞山仅限于北部的长老峰、海螺峰和宝珠峰构成的山区，以宝珠峰最高，海拔409米。广义的丹霞山却包括了这里由红石组成的215平方千米的丹霞山区。

丹霞山区在地质构造中属于南岭山脉中段的一个构造盆地，地质学上叫丹霞盆地。在距今一亿年前后，南岭山地强烈隆起，这里相对下陷，形成一个山间湖盆。在湖盆中开始了红色碎屑物质的堆积。直到距今7000万年以前，在盆地中形成了一层厚度约3000米、粗细相间的红色沉积盆地地层。其上部1300米厚的坚硬沙砾岩，称为丹霞组地层，丹霞山的奇山异石，就发育在这层丹霞组地层上。在距今4000万～5000万年前后，随着地壳运动，整个湖盆抬升，锦江及其支流顺着裂隙对这一层红色沉积岩下切侵蚀，保存下来的岩层就成为现在看到的丹霞山群。据专家研究，丹霞山地区的地壳还在抬升，平均每万年上升0.97米。

构成丹霞山的岩层多呈水平状态，而且粗细、软硬不同。粗大的碎石组成

的岩层称作砾岩，一般比较坚硬；粗细均匀的叫砂岩，更细的叫粉砾岩，砂岩尤其是粉砾岩比较软。软弱的岩层更容易受到风化和侵蚀，形成与岩层一致的近水平凹槽或洞穴，坚硬的砾岩则突出为悬崖。日久天长，洞穴加深、扩大，上覆岩层失去重力平衡就会出现崩塌。所以丹霞崖壁就是过去的崩塌面。如果洞穴进一步风化或流水侵蚀，而穿透了某个山梁或石墙，在上部岩层比较完整的情况下可能会保存下来，就是天生桥或穿洞。

比利牛斯山脉

比利牛斯山脉地处欧洲西南部，位于法国与西班牙的交界处，是两国的界山。比利牛斯山脉东起地中海海岸，西至大西洋比斯开海湾，绵延 430 余千米。山脉宽度一般在 80~140 千米，东端最窄处，仅 10 千米，中部最宽处，达 160 千米，其山峰海拔多在 2000 米以上。

庞大的比利牛斯山脉实际上是阿尔卑斯山脉的延伸，具有阿尔卑斯山脉的自然特征。山体主要由花岗岩、古生代页岩和石英岩构成，在第四纪冰期时，这里冰川广泛发育，因此造就了遍布冰蚀谷、冰蚀湖的地貌特征。现代冰川多集中在海拔达 3000 米的冰斗和悬谷之内，总面积约为 40 平方千米。

比利牛斯山脉按自然特征可分为 3 个部分，即西比利牛斯山、中比利牛斯山和东比利牛斯山。

西比利牛斯山是从大西洋海岸到松波特山口的一段，该段山体由石灰岩构成，大多山峰海拔不到1800米。这部分山脉降水量最大，河流遍布，山体被河水侵蚀，形成山口，为法国和西班牙两国开辟了一条天然通道。这里的谷地适合栽种玉米、谷物和水果。

中段比利牛斯山包括从松波特山口到加龙河上游河口的这部分山体。这段山脉山势最高，险峰林立，终年积雪，海拔3000米以上的山峰就有5座，比利牛斯山脉的最高峰阿内托峰海拔3404米，即位于此段。这段山脉受地中海和大西洋气候影响较小，山间各地冬季的严寒气候延续时间较长。

东比利牛斯山又称为地中海比利牛斯山，是从加龙河上游到地中海海岸的一段，这段山脉海拔较低，多为由结晶岩组成的块状山地和山间盆地。

比利牛斯山脉蕴藏着丰富的矿藏，铁、锰、铝土、汞、褐煤等矿产丰厚。另外，山中风光优美、景色宜人，是重要的旅游胜地，又是冬季登山滑雪的理想场所。

马卡鲁峰

　　马卡鲁峰是世界最高峰之一，属喜马拉雅山脉，位于尼泊尔和中国西藏边界。它曾受到攀登埃弗勒斯峰的登山家的注意，但到 1954 年才开始有人尝试攀登这座冰河覆盖的陡峭山峰。1955 年 5 月 15 日，一个法国登山队两名队员库日（Jean Couzy）和泰瑞（Lionel Terray）首先登上顶峰，两日内其他 7 人跟着到达。

　　马卡鲁山海拔 8463 米，是世界上排名第五位的高峰。位于东经 87.1°，北纬 27.9°，地处喜马拉雅山脉中段，其西北直线距离 24 千米就是珠穆朗玛峰。沿西北山脊和东南山脊为界，其北侧在中国西藏自治区境内，南侧属尼泊尔王国。

　　马卡鲁山有五条主要山脊，分别为西北山脊、西南山脊、东北山脊、东南山脊和北山脊。北山脊上的卫峰名叫珠穆隆素峰，海拔高度为 7816 米。西北山脊的卫峰为马卡鲁 2 峰，海拔 7640 米。东南山脊的卫峰稍高，海拔 8010 米。这些峰体上都覆盖着厚厚的冰雪，坡谷中分布着巨大的冰川，冰川上多锯齿形的陡崖和裂缝，冰崩雪崩也十分频繁。

火 焰 山

火焰山位于中国新疆维吾尔自治区吐鲁番盆地北缘,古书称赤石山,维吾尔语称为克孜勒塔格,意即红山。火焰山脉呈东西走向,东起鄯善县兰干流沙河,西止吐鲁番桃儿沟,长100千米,最宽处达10千米,一般高度在500米左右,最高峰在鄯善吐峪沟附近,海拔831.7米。火焰山重山秃岭,寸草不生。每当盛夏,红日当空,地气蒸腾,焰云缭绕,形如飞腾的火龙,十分壮观。

据地质学家说,火焰山是天山东部博格达山坡前山带短小的褶皱,形成于喜马拉雅山运动期间。山脉的雏形形成于距今1.4亿年前,基本地貌格局形成于距今1.41亿年前,经历了漫长的地质岁月,跨越了侏罗纪、白垩纪和第三纪几个地质年代。火焰山自东而西,横亘在吐鲁番盆地中部,为天山支脉之一。亿万年间,地壳横向运动时留下的无数条褶皱带和大自然的风蚀雨剥,形成了火焰山起伏的山势和纵横的沟壑。在烈日照耀下,赤褐砂岩闪闪发光,炽热气流滚滚上升,云烟缭绕,犹如大火烈焰腾腾燃烧,这就是"火焰山"名称的由来。

火焰山深居内陆,湿润气流鞭长莫及难以进入,云雨稀少,十分干燥,太阳辐射被大气削弱少,到达地面热量多;地面又无水分供蒸发,热量支出少,地温升得很高,火烫的大地既可烙饼,又能烤熟鸡蛋;而大地又把能量源源不断地传给大气。加上火焰山地处闭塞低洼的吐鲁番盆地中部,一方面阳光辐射积聚的热量不易散失;另一方面沿着群山下沉的气流送来阵阵热风,由于焚风效应,更加剧了增温作用,以上种种,使这里形成名副其实的"火洲"。

由于地壳运动断裂与河水切割,火焰山山腹中留下许多沟谷,主要有桃儿沟、木头沟、吐峪沟、连木沁沟、苏伯沟等。而这些沟谷中绿阴蔽日,风景秀丽,流水潺潺,瓜果飘香。其中最著名的要数吐峪沟大峡谷了。吐峪沟大峡谷位于鄯善县境内火焰山中段,北起苏巴什村,南到麻扎村,两村间的峡谷长约

12.5 千米，大峡谷面积约为 12 平方千米。南北两端有简易的盘山公路相连通。南谷口西南距高昌古城 13 千米，位置优越。

吐峪沟大峡谷内有火焰山的最高峰。吐峪沟大峡谷的东西两峰，素有"天然火墙"之称，温度最高时可达 60℃。吐峪沟大峡谷浓缩了火焰山景观的精华。沟谷两岸山体本是赭红色，在阳光的照耀下便显得五彩缤纷，且色彩浓淡随天气阴、晴、雨、雾而变幻万千。山涧小溪斗折蛇行向南流去，漫步谷底，溪流清澈。仰望千姿百态的五彩奇石，红、黄、褐、绿、黑等多种色彩杂陈于眼前。吐峪沟峡谷山体之奇、山岩之美、涧水之秀、珍果之甜，为其他峡谷所少有，称之为"火焰山中最壮美的峡谷"。

吐峪沟大峡谷底部的土壤呈黄红色。穿谷而过的天山雪水将黄红色的土壤冲出南谷口，在峡谷南端形成了肥沃的冲积平原。这种土壤最适宜培植无核白葡萄，所以葡萄最早落户中国正是在吐峪沟。这里是吐鲁番无核白葡萄的故乡，也是无核白葡萄的出口基地之一。这里出产的无核白葡萄颗粒最大、甜味最浓，素有"葡萄中的珍品"之美誉。

葡萄沟也是风景秀丽、瓜果飘香的沟谷之一。葡萄沟位于火焰山西端，沟中铺绿叠翠，景色秀丽，别有洞天，同火焰山光秃秃的山体形成鲜明的对照。葡萄沟内，两山夹峙，形成坡洼沟谷，中有湍急溪流，沟长 8000 米，宽 500 米，其间布满了果园和葡萄园。这里世代居住着维吾尔、回、汉等民族的果农，主要种植著名的无核白葡萄和马奶子葡萄，还有玫瑰红、喀什哈尔、比夫干、黑葡萄、琐琐葡萄等优良葡萄品种。沟中的无核白葡萄晶莹如玉，堪称天下最甜的葡萄。葡萄沟的崖壁中渗出泉水，汇而成池，池水清澈。漫步于此地，令人有不知身在炎炎火焰山中之感。

鲁文佐里山区

公元前 150 年，古希腊地理学家托勒密绘制了一幅地图，表示尼罗河源于"月亮山"。1889 年，德国登山者第一次确认了"月亮山"的存在，并带回了传说中的月亮山的确切消息，那就是鲁文佐里山脉。

1906 年，西班牙探险者杜克·艾布鲁兹在当地居民的带领下攀爬鲁文佐里山。他们穿过大片的苔藓地到达山顶，发现山中生活着许多异常高大的动植物。

几经考察，人们最终得知鲁文佐里山脉长约 130 千米，呈西南—东北走向，沿刚果（金）和乌干达两国边界延伸，在蒙博托湖与爱德华湖之间，南端和维龙加火山群相连。西部地势高峻，向东逐渐降低，最高点是斯坦利山的玛格丽塔峰，海拔 5109 米，是次于乞力马扎罗山和肯尼亚山的非洲第三高峰。虽然鲁文佐里山脉离赤道线仅 48 千米，但因为山顶海拔较高，所以终年积雪，是非洲大陆上少有的永久雪场之一。

古希腊人将鲁文佐里山称为"月亮山"是有道理的，因为它能够像月亮一样显露出光芒，而且并不完全靠雪，其岩石本身也发光。

鲁文佐里山脉雨雾甚多，一年中山峰笼罩在云雾中多达 300 天，终日雨雾弥漫的天气，让人觉得雨像是从山中来的一样，所以当地人称它为"会造雨的山"。鲁文佐里山区生活着很多奇异的动植物，无论是动物还是植物，几乎都比其他地方的至少大 1 倍。鲁文佐里山脉的蚯蚓与人的拇指一样粗，长 1 米左右；

这里的黑猪是非洲野猪中的庞然大物，重约 160 千克，站立时从脚到肩部的高度能达到 1 米；山上的竹子高达 9～15 米，而且生长密集，阳光都穿不透它；这里的优势树种——雪松、樟树和罗汉松，生长高度更高达 49 米。

巨大的半边莲和千里光是鲁文佐里山脉最引人注目的植物。在别的地方，半边莲通常高约 10 厘米，最高不过 1 米，千里光一般高 1～5 米，但在鲁文佐里山脉，它们都长得比两层楼还要高！

植物学家认为，这里的植物之所以长得异常高大，是因为这里雨量丰富、阳光充足以及土壤呈酸性。在参天大树云集的森林里，天生喜好阳光的乔木为了得到充足的阳光和雨露，必须比周围的树长得更高大，加上酸性土壤适合这些植物的生长，所以鲁文佐里山脉的植物普遍都长得异常高大。至于动物为什么也长得异常高大，也许是因为作为动物食物的高大植物中含有某种生长激素，但目前科学家们还无法给出科学的解释。

天　山

天山山脉西起帕米尔高原的乌恰县克孜尔河谷，直到哈密星星峡以东，全长 2500 千米，南北宽 100～400 千米，平均海拔为 4000 米，是亚洲最高大的山系之一，也是南、北疆的天然分界线。

天山海拔 2800～4000 米的山间谷地，无数的河溪、泉流滋润着大大小小的高山草甸，这里是优良的夏季牧场。海拔 1800～2800 米之间，高山河流将山体切割成条条幽深的峡谷，形成块块河谷低阶地，这里水源丰富，生长着云杉、杨树、榆树等多种乔木，林间有茂密的草甸，也是良好的牧场。1800 米以下，有不少山间盆地，河渠纵横，农田阡陌，是天山山麓地带发达的农业区。

据统计，天山有冰川 9128 条，总面积近 9260 平方千米，储水量相当于长江一年的入海水量。冰川融水成为新疆主要河流的补给水源。博格达峰海拔 5445 米，是天山第三高峰，位于新疆昌吉回族自治州阜康市境内。距博格达峰两侧不到 3 千米处，并立着海拔 5287 米的帕格提峰和海拔 5213 米的未万别克峰，三座山峰连在一起，并称"雪海三峰"。在博格达峰区 15 平方千米范围内，共有 7 座海拔 5000 米以上的山峰，巨大的博格达峰群，是天山东段的山脉中唯一的大型峰群。博格达峰虽然并非天山山脉诸多高峰之最，但凭着它的神奇与险峻，成为新疆各族人民心中最有神性的山峰。

博格达峰还颇受登山员的青睐。它的海拔高度虽然并不惊人，但登山难度绝非寻常。在主峰的东西方位，博格达峰山体陡峭，西坡与南坡坡度达 70°～80°，只有东北坡坡度稍缓，因此，该峰直到 1981 年 6 月 9 日，才由日本京都登山队 11 人开创登顶纪录。天池位于博格达峰的半山腰，海拔 1980 米，是一个天然的高山湖泊。湖面呈半月形，长 3400 米，最宽处约 1500 米，面积 4.9 平方千米，最深处约 105 米。天池湖水清澈，晶莹如玉。四周群山环抱，绿草如茵，野花似锦，有"天山明珠"之盛誉。

天池是由古代冰川和泥石流堵塞河道而形成的高山湖泊。四周雪峰上消融的雪水，汇集于此，水深近百米，清纯宜人。每到盛夏，湖周围绿草如茵，繁花似锦，最为明艳。即使是盛夏，湖水的温度也相当低，乘游艇在湖面上行驶，一阵阵凉风吹来，暑气全消，是避暑的好地方。周围山坡上长着挺拔的云杉、白桦、杨柳，西岸修筑了玲珑精巧的亭台楼阁，平静清澈的湖水倒映着青山雪峰，风光旖旎，宛若仙境。传说，天池便是"瑶池"，是西王母会聚众神仙、举行蟠桃盛会的地方。

平顶海山

在夏威夷群岛、加罗林群岛、马绍尔群岛和斐济群岛一带的深海海底，有一座座奇异的海山，它们的顶部像被截掉一样，都是平坦的，被称为"平顶海山"。

这种海山除太平洋外，在大西洋和印度洋中亦有存在，它们有的孤独地耸立于海底，有的成群出现。平坦的顶部为圆形或椭圆形，直径从几百米到二三十千米不等，顶部离海面最浅为 400 米，最深为 2000 米。美国海洋地质学家赫斯对此进行了较系统的研究，他认为"平顶海山"是沉没了的岛屿，就像神话中描述的"亚特兰蒂斯"那样。但他无法解释海山的顶部为什么如此平坦。

后来，人们从"平顶海山"的顶部打捞到了呈圆形的玄武岩块，据此有人认为，它们可能是一座座海底火山，顶部是火山口，被火山灰等物质填平了，所以呈现平顶。年龄测定表明，它们形成于距今 1 亿年至 2500 万年之前的火山大量喷发时期，这就给火山说提供了一个依据。20 世纪 50 年代，人们从太平洋西南的凯普—约翰"平顶海山"的顶部打捞到造礁珊瑚、厚壳蛤以及层孔虫等生物化石，以后在太平洋中部又有类似的发现，表明"平顶海山"的顶部过去有过珊瑚礁发育。造礁珊瑚需要生活在有光照的水里，因而其生存的最大水深在 50 米左右。这说明曾有一段时间，海山顶部的水深不超过 50 米。由于此时的海山顶部离海面近，风浪就有可能将其削平，并在其上发育造礁珊瑚。以后，海山下沉，沉到水深400米以下的地方，所以"平顶海山"上就残留着以前发育的造礁珊瑚和其他喜礁生物。但美国学者德利指出，海底火山不一定发生过上升和下沉，可能是在天气寒冷的冰川时期，海平面大幅度下降，使海底火山的顶部露出海面被风浪削去。

但有些"平顶海山"的顶部直径达二三十千米，说它是被风浪削平的似乎难以使人相信。

著名海洋地质学家孟纳德认为，太平洋中的"平顶海山"都位于一片原来隆起的地壳上，他称之为"达尔文隆起"。这些隆起的海山顶部接近海面，被风浪削平，尔后，整个隆起下沉，便形成了今日的"平顶海山"。但有一些人不同意孟纳德的见解，他们认为没有事实证明"达尔文隆起"曾经存在过。

看来，要想解开"平顶海山"这个谜，科学家们还需做进一步的努力。

安第斯山脉

举世闻名的安第斯山脉犹如一条长龙纵贯南美洲大陆，它静卧在太平洋的东岸、南美大陆的西部，几乎和太平洋海岸相平行。

安第斯山脉是世界上最长的山脉，南北绵延9000千米，北起特立尼达岛，南至火地岛，跨越委内瑞拉、哥伦比亚、厄瓜多尔、秘鲁、玻利维亚、阿根廷、智利等7个国家，占地面积达180万平方千米。它比著名的喜马拉雅山脉还要长6000多千米，几乎是喜马拉雅山脉的3.5倍。

安第斯山脉属科迪勒拉山系，这个山系从北美一直延伸到南美，全长约15万千米，是世界最长的山系。在自然景观上，安第斯山脉可以划分为北段、中段和南段三个截然不同的部分。北段属热带湿润气候，森林广阔，层峦叠嶂；中段气候干燥，植被稀少，山势起伏不大，呈高原特色；南段降水充沛，温带森林资源极其丰富。

安第斯山脉的最高峰——阿空加瓜山，位于阿根廷西部的门多萨省，临近智利边境，海拔 6960 米，是南美洲最高峰，也是世界上最高的死火山，有"美洲巨人"的美誉。"阿空加瓜"在瓦皮族语中是"巨人瞭望台"的意思。

阿空加瓜山是由第三纪沉积岩层褶皱抬升而形成的，山峰呈圆锥形，经常隐没在白云深处，只在云雾消散之后才偶尔一显雄姿。峰顶较为平坦，东、南侧雪线高度为 4500 米，冰雪厚度达 90 米。峰顶西侧因降水较少，没有终年积雪，山麓多温泉。著名的印加桥就建在温泉附近，该温泉也是著名的疗养和旅游胜地。

阿空加瓜山区现在是阿根廷著名的登山游览胜地。阿空加瓜山四面皆可攀登，但从北坡攀登较容易，南坡较难。不过，并不是每个人都可以自由攀登此山，通常只有持登山许可证的登山运动员才被允许登山。

在秘鲁境内高不可攀的安第斯山脉高处，有一个鲜为人知的峡谷，它的深度是美国科罗拉多大峡谷的两倍，在雅鲁藏布大峡谷被发现之前曾被列为世界最深的峡谷。这个峡谷就是著名的科尔卡峡谷。

科尔卡峡谷是科尔卡河冲刷侵蚀地表形成的深沟，深不可测。这里与世隔绝，少有人至。这里的景色非常罕见，巍巍高山裂开一道口子，看起来像是被一把大刀斩出来的。裂隙底部是科尔卡河，在雨季，河水奔腾澎湃。谷地之上 3200 米处，群山环绕，积雪的山峰高耸入云。

群山的另一边是火山谷，里面屹立着许多锥形火山，顶部为圆形火山口。火山谷长 64 千米，谷内共有 86 座死火山渣堆。有些高达 300 米，有的四周是田野，有的四周堆满凝固的黑色熔岩。在火山谷与太平洋之间，有一条布满沙石的酷热沟谷，名为托罗穆埃尔托沟谷，无数白色巨砾散布谷内。更为奇怪的是，不少石砾上刻有几何图形、太阳、蛇、驼羊以及头戴怪盔的人，这些图案和符号是谁的杰作至今仍然是一个未解之谜。

泰　山

　　泰山占地总面积426平方千米，主峰玉皇顶海拔1532.7米，是中国东部沿海地带的第一高山，有"泰山天下雄"之誉。古往今来，官宦仕者，墨客骚人，无不以登泰山为荣，圣人孔子曾有"登泰山而小天下"之叹，而"诗圣"杜甫也吟出了"会当凌绝顶，一览众山小"的豪言壮语。

　　自古以来，游览泰山的人都希望看到泰山极顶的日出奇观，这是泰山最迷人的景象。在泰山极顶观日出有两种情形：一种是观陆地日出，一种是观海上日出。

　　陆地日出时，先是东方一线晨曦由灰暗变成淡黄，又由淡黄变成橘红。东方天幕逐渐喷射出万道金色的霞光，接着，东方天空中的云朵七色交杂，气象万千又瞬息变化，满天彩霞与地平线上的茫茫雾霭连为一体。最后，一轮红日跃出云幕，冉冉升起，顷刻之间，金光四射，群峰尽染，大地复苏。观陆上日出的机会较多，每当秋、冬交替之时，只要云气较少且前一天刮西北风，或是雨后转西北风而次日天朗气清时，游人就能大饱眼福，不枉泰山之行。

　　在岱顶观海上日出的机会很少，只有夏至和冬至前后，日出方向避开胶东半岛而在与陆地最近的海域内、夜间晴朗无风、气层折射达52°时才能看到。岱

顶海上日出是其他地方无法比拟的。起初太阳像个赤轮在海面上上下跳荡，欲上又止，红艳欲滴。最后，太阳变成了火球跃出水面，腾空而起，整个过程像一个技艺高超的魔术师在瞬息间变幻出了千万种多姿多彩的画面。

此外，在泰山最难得的是还能看到日珥。日珥是太阳表面喷射的火焰状炽热气体，只有在日全食时才能用肉眼看到。

云海玉盘是岱顶的又一奇观。它多在夏、秋两季出现，需要适宜的自然条件。如果雨后水蒸气大量上升，或夏季从海上吹来的暖湿空气被高压气流控制在海拔 1500 米左右，与泰山海拔高度持平，加之此时恰好无风，在岱顶就会看见白云平铺万里，犹如一个巨大的玉盘悬浮在天地之间。远处的群山全被云雾吞没，只有几座山头露出云端；近处游人踏云驾雾，仿佛来到了仙境。微风吹来，云海浮波，诸峰时隐时现，像不可捉摸的仙岛；风大后，玉盘便化为巨龙，上下飞腾，如翻江倒海一般。无论在国内或国外，宝光都极难看到。泰山宝光多出现在碧霞祠东、西、南诸神门外的云雾中，因而得名。碧霞宝光因在光环中有圣像，故又被誉为"泰山佛光"，是泰山极为罕见的神奇光晕景象。

如果遇浓雾或密云天气，背光仔细观察，便见云雾经强光照射而衍生出一个五彩光环，环中央还晃动着观赏者的身影。光环呈现出红、橙、黄、绿、蓝、靛、紫各色，绚丽动人。

最外层的艳红光圈如斑斓日珥，闪闪发光。如果云雾平稳，则可持续几十分钟。光环大小与云雾中的水滴大小有关，水滴越大，光环越小。当云雾中大小水滴并存时，即可形成两个或两个以上不同的光环，称作多重宝光。

据记载，泰山佛光大多出现在 6～8 月，观赏宝光须在半晴半雾的天气。此时空气潮湿、含水量大，云雾顺山谷向上徐徐移动，当太阳斜射时，顺光观察雾幕，即可看到宝光。

非洲维龙加山脉

维龙加山脉又称姆丰比罗山，是非洲中东部的火山山脉，沿刚果（金）、卢旺达和乌干达边境延伸近80千米，有8个主要的火山，其中以卡里辛比火山最高。在山脉中部和东部有6座死火山，以米凯诺火山和萨比尼奥火山最老，始于更新世早期，火山口已经消失，侵蚀成崎岖地形。山脉西端的尼拉贡戈火山和尼亚姆拉吉拉火山形成还不到2万年，有许多火山口，熔岩仍在活动，并远流到基伍湖。

尼亚姆拉吉拉是一座非常活跃的火山。1894年，欧洲人首次目睹它的喷发。从那时起，沿着山坡的裂缝又喷发过几次，其中1938～1940年间的喷发尤为壮观。当时，火山侧面一个坑里的熔岩奔流到24千米以外的基伍湖，熔岩流动时，像刚出炉的炉渣一样流进湖里，冒出大团蒸汽。熔岩的大量流失，使得尼亚姆拉吉拉火山的山顶塌陷，形成了一个直径2000多米的大火山口。

与它相邻的活火山——尼拉贡戈也有个类似的大火山口。1977年，火山锥周围裂了5个口子，溢出炽热的熔岩，熔岩向下汹涌奔流，所经之处，无不摧毁殆尽。

维龙加火山所喷出的熔岩，也造就了四周的景观。维龙加山脉位于东非大裂谷的西部，这个地区的河水一度流向北面的尼罗河。但火山的熔岩流到这里后，堆积成天然的堤坝，拦成了基伍湖，而且，还塑造出曲折参差的湖岸，景象奇美。

基伍湖平均深约180米，有些地方深达400米。此湖虽然外表恬美，但却具有极大的破坏性：二氧化碳从湖底渗出，因上面的巨大水压而积聚湖底；在细菌的作用下，二氧化碳转化成沼气，如有人为的骚扰，如把沼气抽出来做燃料，就会使沼气冒出水面，一旦接触明火，易燃的沼气即刻爆炸，形成一个火球，把四周的东西烧成灰烬。

在维龙加山脉的其他地方，即使地壳隆起也不会带来什么威胁，因为其他火山早已休眠了。卡里辛比火山最高峰达4507 米；附近的比索克火山山坡是山地大猩猩的家园；靠近维龙加山脉东端的萨比尼奥火山有好几个尖削的高峰，其中最高的位于卢旺达、乌干达和刚果（金）三国边界的交会点。

维龙加山脉对寻找尼罗河的源头起过作用。在古希腊的全盛时期，人们就曾推测过埃及这条最大的河的源头；公元 2 世纪时的地理学家、天文学家和数学家托勒密相信尼罗河发源于"月亮山脉"；公元 162 年，英国探险家斯皮克认为维龙加山脉就是托勒密所指的"月亮山脉"。现在，一般人都把北部的鲁文佐里山脉看作"月亮山脉"。

当年，斯皮克仅仅远眺过维龙加山脉，并未攀登，所以也就没有发现这里植物种类的演替。现在，许多地势较低的土地已经成为耕地，但仍保存着原来树林的残迹：较高的地方，密密麻麻长着竹子；再高处，是交织在一起的树木、灌木和草地；在 3000 米的高度上，生长着硕大无比的扫帚树、山埂叶和欧洲狗舌草；而在 4000 米以上，就几乎只有苔藓、青草和地衣能够生存了。此外，这里还居住着 180 余种鸟雀和 60 多种哺乳动物，有豹、灵猫、鬣狗、胡狼、水牛、野猪和象等。

在维龙加山脉的南段，有非洲最早的国家公园——维龙加国家公园，它建于 1925 年，面积 8090 平方千米。公园南端与基伍湖北岸相接，公园中部很大一片被爱德华湖占据，东北为鲁文佐里山脉。

由于维龙加国家公园坐落在东非大裂谷的大断层陷落带东段，横跨赤道线，所以既有萨瓦那草原即灌木和乔木杂布的草原景观，也有纸莎草和芦苇遍布的沼泽地、雨带乔木林、山地森林、熔岩平原、竹林和荒野，故有"非洲缩影"的美称。

琅 琊 山

琊琊山位于安徽省滁州市西南约五千米处。宋代大文学家欧阳修手书的《醉翁亭记》开头吟道:"环滁皆山也,其西南诸峰,林壑优美,望之蔚然而深秀者,琅琊也。"指的就是这里。凭着欧阳修的传世名篇,琅琊山声名鹊起。

琅琊山水之美,就在于欧阳修所说的:"野芳发而幽香,佳木秀而繁荫,风霜高洁,水落而石出者,山间之四时也。"琅琊山独特的自然风光,自古名扬天下,这里交通方便,社会经济条件好,当地人非常热情好客。历代许多帝王将相、文人雅士,如东晋王司马睿;明太祖朱元璋、明嘉靖皇帝;唐代的李德裕、韦应物、李幼卿;宋代的王禹偁、欧阳修、梅尧臣、王安石、苏东坡、辛稼轩;明代的宋谦、王守仁、文征明;清代的王士祯、余国权、王赐魁等都曾观光于此。

几百年来,中国社会几经变革,而琅琊山的风光却依然美丽如初。神奇的大自然如何造就出这些奇特的山峦和优美的林壑呢?

风景区内主要的山峰有摩陀岭、凤凰山、大丰山、小丰山、琅琊山、赵家山等。其中尤以小丰山最高,海拔 325 米,风景秀丽壮观。山与山之间的沟谷延深交错,形成了"山重水复疑无路,柳暗花明又一村"的幽深地貌。

千百万年来,受造山运动的影响,琅琊山地区形成了许多壮观的低山、深谷、幽洞、名泉和宽广的水面。据史料记载,早在古生代寒武纪、奥陶纪,距今 6 亿~4 亿年前,琅琊山原是一片汪洋大海。距今 4 亿年前,随着地壳的运动,琅琊山逐渐上升成为陆地。以后到中生代三叠纪期间受地壳运动的影响,形成了褶皱及断裂构造。可能在那个时候琅琊山就呈现出现在的地貌轮廓,出现了许多低山、深谷、幽洞、名泉和宽广的水面。

琅琊山的主体岩石以火成岩为主,由于主体的溶岩出露面积较大,呈现出许多裸露的不同形态的岩沟槽、石芽、石笋,还有隐蔽的溶洞,形成了壮美的

岩石构造景观。较为著名的有琅琊洞、归云洞、桃花洞、怀仙洞、雪鸿洞、熙阳洞、秋山洞、重熙洞、花山洞等。这些洞穴，形态各异，有的门窄而洞广；有的奇险而深邃；有的似流云飞瀑；有的如仙人下凡……进入洞内可见碑碣满前，字迹斑斑，使人触景生情，浮想联翩，有飘然欲仙之感。

俗话说："山无水不活。"这些名泉、雅池和宽阔的湖面，匀称地点缀于琅琊山风景区内，为琅琊山森林公园带来了无限的活力。在琅琊山地表的冲沟中，常有泉水流过，清澈透明，甘甜爽口。较为著名的有紫薇泉、让泉、濯缨泉、醴泉、蒙泉、涵泉、琥珀泉、抱璞泉、游泉、玻璃泉等。身在此山中，亦皆潺潺有声，淙淙作响，犹如弦音出韵，楚楚动听。

这里还有许多供人观赏的池塘，如华法池、白龙池、放生池、明月池、统军池等，面积不大，形状各异，确有"半亩方塘一鉴开，天光云影共徘徊。问渠哪得清如许，为有源头活水来"的景象。这里还有许多宽阔的湖面，较大的有位于琅琊山西北部的城西湖，水面面积为 11.58 平方千米。山南侧有红花湖和东部的凤凰湖，深秀湖则位于醉翁亭与琅琊寺之间。

琅琊山最著名的人文景观是醉翁亭。醉翁亭位于琅琊山东麓，是我国的四大名亭之一。醉翁亭之所以能够名扬天下，正因为它是北宋年间遗存下来的文物古迹。据记载，1045 年冬 10 月至 1048 年春 3 月，欧阳修由河北路都转运按察使被贬为滁州知州时，山僧智仙同情欧阳修四十岁自称"醉翁"，遂以此名建亭，曰："醉翁亭"。欧阳修写有《醉翁亭记》一文传世，因其音韵铿锵，脍炙人口，历经九百年辗转吟诵，由此而使醉翁亭名声传遍南北，孺妇皆知。

雁荡山

　　雁荡山位于中国浙江省乐清市境内，素有"海上名山""寰中绝胜"之美誉，史称"东南第一山"。雁荡山因"岗顶有湖，芦苇丛生，结草为荡，秋雁宿之"而得名。雁荡山景色优美，以众多诡形殊状的峰、洞、岩石、泉、嶂称胜。奇峰怪石，悬崖叠嶂，耸峙嵯峨；古洞石室，茂林幽谷，曲折迂回；飞瀑流泉，碧潭清涧，如带若练；雁湖日出，百岗云海，一向为游客所赞赏，至于灵峰夜景，灵岩飞渡更为神奇幻绝。

　　根据地质考察，雁荡山形成于一亿两千多万年前，原是火山地带。到了距今四千多万年前，它沉没在海中，岩体受到海水的侵蚀；又过了两千多万年，它逐渐露出海面；以后又遇冰川期，遭到冰川洪水的袭击，岩体又进一步崩解和剥蚀，岩体裸露，形成众多的深谷、峰林，有"造型地貌博物馆"之称。雁荡山是环太平洋亚洲大陆边缘火山带中最具完整性、典型性的白垩纪流纹质古火山。它比环太平洋安第斯火山带和美国西部火山带更为古老，更为神奇。

雁荡山不仅记录了中生代古火山发生、演化的历史和深部地壳、地幔相互作用的过程，而且还展示了一亿年来地质作用所产生的个性优美的自然景观，这在世界上是独一无二的。

雁荡山是国家级风景名胜区，有北雁荡山、中雁荡山、南雁荡山之分。其中北雁荡山规模最大、景点最多、最为出名。人们通常说的雁荡山，简称雁荡或雁山，一般都指北雁荡山。峰、嶂、洞、瀑奇妙的天然组合，形成了北雁荡山特有的奇秀景色。明代大旅行家徐霞客三游雁荡之后，还有"欲穷雁荡之胜，非飞仙不能"之叹！

北雁荡山位于乐清市境内东北部，距温州市区七十多千米，万山重叠，群峰争雄，悬嶂蔽日，飞瀑凌空，向来有"寰中绝胜"之誉。北雁荡山景区总面积450平方千米，分灵峰、三折瀑、灵岩、大龙湫、雁湖、显胜门、仙桥、羊角洞等八大景区，共计景点五百多处，以峰、洞、瀑、嶂称胜，有102奇峰、66洞天、27飞瀑、23嶂峦之说。北宋著名科学家沈括四次考察北雁荡山，赞其为"天下奇秀"。

北雁荡山洞穴不仅数量多，而且风格奇特。如观音洞，既高又深，洞内建有九层楼阁，气宇轩昂。灵峰古洞，洞洞相连，形状各异，迂回曲折。现在辟有云雾、透天、含珠、隐虎、好运、玲珑、凉风七洞，供游人寻奇探幽。另外还有著名的仙姑洞、北斗洞、将军洞、朝阳洞、天窗洞、东石梁洞、西石梁洞等，或幽深，或宽敞，或奇险，个个充满神奇色彩。

雄壮的岩嶂是雁荡山的一大奇观，从灵峰景区的倚天嶂到大龙湫的连云嶂，如蜿蜒蟠结的蛟龙，纵贯整个景区，形成雁荡山雄伟壮观的磅礴气势。它是奇峰怪石的依托，又是飞瀑夺路而下之所在。它忽而围成一个幽静的深谷，忽而展开托起千丈奇峰，忽而又对峙成雄关天险。雄浑奇绝的铁城嶂、蜿蜒高耸的连云嶂、灿若彩霞的屏霞嶂和气象森严的万象嶂，是北雁荡山的四大奇嶂。

飞瀑是北雁荡山景观的灵气所在。清人有诗："东瓯夙称山水窟，西谷龙湫最奇绝。"大龙湫瀑布从190米的崖顶飞泻而下，势若银河倒泻，匹练横空，在阳光与风的作用下，飘逸轻灵，烟雾弥漫。如珠垂挂的小龙湫、变幻多姿的散水岩、气势不凡的西大瀑、活泼潇洒的梅雨瀑等，均各具特色，自有奇妙之处。

南雁荡山位于平阳境内，距温州市区87千米，离平阳城关32千米，总面积97.68平方千米。因北部明王峰上有泥塘沼泽，秋冬大雁在此栖息，且与北雁荡山遥望相对，故名。风景区以秀溪、幽洞、奇峰、景岩、银瀑、石垒为六大特色，有"浙南第一胜景"之称。与北雁荡、中雁荡合称雁荡山风景名胜区，属于山岳型国家级重点风景名胜。景区山岳由浙、闽边界的洞宫山山脉延伸而来，多在海拔 500 米以上，迂折盘回。北部以明王峰为主峰，海拔 1077 米。九溪汇流，中贯溪滩，山水相映。并分东西洞、顺溪、东屿、畴溪和石城五个景区，有 67 峰、24 洞、13 潭、8 瀑、9 石之胜。

中雁荡山因居北、南二雁荡山之间，故称中雁荡山，分玉甑、三湖、东漈、西漈、凤凰山、杨八洞、刘公谷七个景区。其中玉甑、西漈、东漈为三大主要景区。步入景区，即见峰峦陡峭，洞谷深邃，峰奇石怪，溪碧泉清，自然造型奇秀，空间组合协调优美。

黄　山

黄山之松多而奇，落根于奇峰怪石之中。黄山松，它分布于海拔 800 米以上的高山，以石为母，顽强地扎根。黄山的松具有很强的生命力，只要石缝间稍有立足之地，它就能就势而长。因此树形多具有丰富的艺术魅力，愈在险境，愈显神奇。依照它们的外形特征命名为迎客、送客、蒲团、凤凰、棋盘、探海、黑虎、麒麟、连理、接引等十大名松。更奇的是每棵松都有一段不同寻常的来历，比如黑虎松，据传，古时有一和尚去狮子林做功课，见有黑虎俯卧在松顶上，课毕返回，不见黑虎，只有古松挺立，干枝气势雄伟，一派虎气，因而得名。

黄山"四绝"之一的怪石，以奇取胜，以多著称。黄山的奇峰怪石，形态奇巧，千姿百态，有的像人，有的如物，有的似飞禽，有的若走兽，许多奇峰怪石都有自己的名字。如天都峰、莲花峰、鲫鱼背、梦笔生花、笔架峰；还有"天女散花""天女绣花""羊子过江""仙人飘海""武松打虎""丞相观棋"等。

黄山石"怪"就怪在从不同角度看，就有不同的形状，在不同的天气观看情趣迥异，可谓"横看成岭侧成峰，远近高低各不同"。如站在半山寺前望天都峰上的一块大石头，形如大公鸡展翅啼鸣，故名"金鸡叫天门"，但登上龙蟠坡回首再望，这只一唱天下白的雄鸡却仿佛摇身一变，变成了五位长袍飘飘、扶肩携手的老人，被改冠以"五老上天都"之名。怪石分布可谓遍及峰壑巅坡，或兀立峰顶，或戏逗坡缘，或与松结伴，构成一幅幅天然山石画卷。

"黄山自古云成海"，云海，为黄山四绝中的又一绝。黄山是云雾之乡，以峰为体，以云为衣，其瑰丽壮观的"云海"以美、胜、奇、幻享誉古今，一年四季皆可观，尤以冬季景最佳。观云海的理想地点有五处：观前海在玉屏楼，观后海在清凉台，观东海在白鹅岭，观西海在排云亭，而登莲花峰、天都峰、光明顶则可尽收诸海于眼底，领略"海到尽头天是岸，山登绝顶我为峰"之境地。

黄山"四绝"之一的温泉也很奇特。黄山的温泉有两处。位于紫云峰下的"朱砂泉"最为著名，素有"天下名泉"之称。传说此泉与紫云峰和朱砂峰相通，朱砂峰下的朱砂矿，乃是它的源泉。泉水每隔数年要变一次颜色，因呈赤红色，故名"朱砂泉"。

温泉每天的出水量约400吨，常年不息，水温常年在42℃左右，属高山温泉。黄山温泉对消化、神经、心血管、新陈代谢、运动等系统的某些病症，尤其是皮肤病，均有一定的功效。相传轩辕黄帝就是在此沐浴七七四十九日之后，白发变黑，返老还童，曾将此誉为"灵泉"，郭沫若称其"足比华清池"。

黄山的冬雪可称得上黄山"第五绝"。黄山冬雪不同于北国的冬雪，它不是那种厚重严实并且持久不化的雪，黄山的冬雪，妙就妙在与黄山的松、石、云、泉巧妙而完美的结合。

雄伟壮丽的黄山，挺拔秀丽，冰雪又给她增添了无限的风采。劈地摩天的天都峰，宛如银装素裹的神女；隔壑相望的莲花峰，如同一朵盛开的雪莲；九龙峰也变成了一条蜿蜒腾飞的玉龙，飞舞在黄山的云海之上；西海群峰奇异的石林，像一尊尊身着素服的神仙，聚集在峰头之上。冰雪覆盖的狮子林，银峦相拥的玉屏峰，构成了一幅绝美的景致。

西北万宝山

祁连山，是青藏高原与我国西北干旱地区的界山，它长约 900 千米，西起阿尔金山的当金山口，东抵贺兰山，南北宽 200～400 千米，北靠河西走廊，南临柴达木盆地。祁连山脉是我国西部的福水宝地，这里山地高耸，谷地平坦，水源丰富，草类繁茂，有"西北万宝山"的美誉。祁连山的地下拥有多少宝藏，这些宝藏是怎么形成的？这还是个未知数。

祁连山的北面和西面是河西走廊和库姆塔格沙漠，年降水量仅一百毫米左右。它的南面是柴达木盆地，因少雨而日趋干旱，它东面的陕甘黄土高原更是十年九旱，滴雨贵如油。而祁连山地与周围地区截然不同，却是较湿润的地区。这里的年降水量平均达 400 毫米，有些山岭年降水量超过 700 毫米。丰富的降水滋润了祁连的土地，装点修饰了祁连的山川。高山上白雪皑皑，银龙飞舞，山坡上林木茂密，郁郁葱葱，山间盆地中河水清澈、草场宽阔，牛羊肥壮。

祁连山是个固体水库，有大小冰川 3306 条，冰川面积达 2062 平方千米，储水量约 1320 亿立方米。每年约有 72.6 亿立方米的冰川融水输送到周围的干旱区，这些冰川融水养育了河西走廊的绿洲，浇灌了许多农田、草场，使祁连山周围地区得以兴旺发展，因此人们常把祁连山喻为幸福之源。

祁连山地区为什么会有这么多的降水呢？原因是祁连山山体巨大，山峰平均海拔多在 4000 米以上，最高峰——团结峰则高达 6305 米。它们组成了一道天然屏障。我国夏季盛行东南季风，湿润的气流在向西北方向运行的过程中，

一部分受丘陵山地影响形成降雨，而剩余部分运行到祁连山地时，受到突兀山体的阻挡，水汽几乎全被截留在这里，形成较大范围的降水。而且，组成祁连山地各山脉的排列方向与夏季水汽运行的方向基本一致，形成天然的水汽运行通道，而且地形高度自东向西逐渐升高，谷地从东部的 3000 米以下逐渐升为西部的 4000 米以上，这样，水汽能深入到祁连山内部，使整个祁连山地的气候比周围地区湿润。

在海拔 4300~4500 米以上的高山上，固体降水把山岭装扮得银装素裹，使冰川得以发育。在较低的山麓、谷地，格状水系相当发育，大通河、湟水的水流源源不断地注入黄河。总体来讲，祁连山地东部气候较湿润，年降水量为 500~600 毫米，高山上有蒿草、蓼等组成的草甸及各种杜鹃、锦鸡儿、金露梅、柳等组成的灌丛，山坡地有青海云杉、祁连圆柏等构成的森林草原，而更多的是沟谷地中由克氏针茅、短花针茅和冷蒿等组成的山地草原。祁连山中、西部的气候相对干旱些，年降水量为 250~400 毫米，以高寒草原和山地草原为主，祁连山地大部分冰川也都分布在这里。

祁连山地区美丽富饶，然而最富庶的地方还要数祁连山中的湟水谷地和大通河谷地。湟水是黄河上游的一条重要支流，它发源于青海省海晏县包呼图山，沿祁连山南麓向东流，全长 370 千米，流域面积 3.2 万多平方千米，年平均流量达 50 多亿立方米。湟水河谷地平均海拔高度低于 3000 米，北有祁连山脉的屏障，阻挡了冬季寒潮的侵袭，因而气候较温和。谷地宽阔平展，土层深厚、肥沃，水源丰富，灌溉方便。

"门源油，满地流"，这是人们对这里年年获丰收的比喻。在大片的油菜田里，叶绿花黄，空气中弥漫着醉人的馨香，引来蜂蝶翩翩起舞。河水到了克图附近，山高谷深，水流湍急。两岸的树木层层叠叠，松涛林海，深邃难测。浓郁的松脂香味在云雾缭绕的山间飘散，引来鹿、麝等动物到林间嬉游，引来百鸟在树端争鸣，真是花香草翠，山欢水笑。大通河畔，不仅蕴藏着铁、铜、煤等重要矿产，而且也是盛产黄金的地方。祁连山给人们的生活带来了幸福，祁连山区也定会有金黄色的未来。

雷尼尔山

与雷尼尔的相遇令人猝不及防。清晨从西雅图出发往 5 号高速公路南下，再接 706 号公路向东而行，行走不到 2 小时即可看见美丽的雷尼尔山在浮云中若隐若现：深蓝色苍穹里，仍有星光点点如碎钻般点缀其中，早起的雷尼尔却已开始抬起清丽的面庞对镜梳妆，雾气为胭脂，云朵作花黄，顷刻间阳光穿透所有云层，射出万丈光芒，女王骄傲地微微一笑，天地顷刻黯然失色，周围群山皆俯首称臣。

发现雷尼尔山的第一个欧洲人是乔治·范库弗上尉，他在 1792 年为英国绘制帕基特海峡的地图时发现雷尼尔山，将其描述为"高险陡峭、白雪皑皑的山峰"，并以他的一位从未见过此山的朋友里·阿德迈隆·皮特·雷尼尔的名字为其命名。其实，邻近的印第安部落早就知道此山，并称其为"塔荷玛"，意思是"上帝之山"。雷尼尔山高度为 4323 米，远远超出周围 1800 米高的群峰。从西雅图能看见数百座山，但当人们提及"那座山"的时候，人人都知道指的就是雷尼尔山。一个多世纪以来，雷尼尔山深深吸引着来自世界各地的登山爱好者，一方面因为这是一个挑战，另一方面则是在 1888 年登上顶峰的约翰·穆尔盛赞这座山具有"辽阔的、像地图一样的景致"。

雷尼尔山拦截了来自太平洋的湿润空气，气候异常湿润。1971—1972 年冬天，这里的降雪量达到 20 米，创造了北美历史上的降雪之最。充沛的降雪使雷尼尔山孕育了 25 条现代冰川。在美国除阿拉斯加以外的 49 个州中，雷尼尔山冰川数量最多。积雪在夏季融化，灌溉着野花竞放的草地。该地区的早期定居

者艾坎尼·隆迈尔被冰川、雪莲、晶莹闪烁的星辰和地毯般覆盖的青草地所组成的如画美景深深打动，赞道："天堂肯定就是这样的。"他的溢美之词正是位于雷尼尔山的天堂冰川名字的由来。

雷尼尔，这一方晶莹淡美的人间天堂，置身于此，你会不自觉忘却心中的烦恼。这一切的一切，只为那名叫雷尼尔的冰雪女王。

落 基 山

落基山脉是美洲科迪勒山系在北美的主干，从阿拉斯加到墨西哥，南北纵贯4500千米，巍然壮观，层峦叠嶂，群峰耸立，犹如一条绵延起伏的巨龙，成为北美大陆的支柱，由此被称为北美洲的"脊骨"。粗犷又不失秀美，荒蛮又不失生机，这是落基山吸引人的地方。这里有高耸的雪峰、巨大的冰原、色彩迷人的湖泊以及众多的野生动物。为保护美好的大自然，这里建有许多国家公园和省立公园，可以说，这里是大自然的美景博物馆。

落基山是从北向南纵贯北美的伟大山脉，南北各地的自然地理特征和生态环境差异明显，各自呈现出风格独特的自然风光，自然景观最为壮丽。落基山脉分布范围很广，它的很大一部分坐落在加拿大境内。这里不仅蕴藏着丰富的煤、铁、金等矿物资源，迄今为止，它还是一个没有被人类过度开发的荒野地带。更重要的是，这里还是在激烈的竞争、工作和生存压力下，身心疲惫、精神紧张的现代人释放压力、寻找自我、获取安慰的最好的所在，堪称现代人的精神避难所。

整个落基山脉由众多小山脉组成，其中有名有姓的就有39条，大部分山脉平均海拔2000~3000米，甚至有许多山峰在4000米以上，如加尼特峰高达4202米，隆斯峰高达4346米，埃尔伯特峰高达4399米。每个峻岭形如长剑，高耸入云；每个险峰，云雾缭绕，白雪皑皑。许多美国大河都发源于落基山脉，如密西西比河、阿肯色河、密苏里河、科罗拉多河等，还有不少河流靠山顶的冰雪融化供给水源。所以，落基山脉是北美洲东西部最大的分水岭，山脉西部的河流注入太平洋，山脉东部的河流注入墨西哥湾。

落基山脉经历了长达 1 亿年的形成过程，演绎了一部壮观剧烈的地貌变迁史。起初，它是一片巨大的地槽地区，直到白垩纪初期还是一片碧波荡漾的浅海，在这里，各种各样的生物自由自在地生活着。后来，这个地区开始不断地上升，最终由海洋变成了陆地。为了生存，各种生物与大自然展开了一场殊死的搏斗，有的活了下来，有的却从这个星球永远消失了。紧接着这个地区发生了排山倒海一般大规模的造山运动，岩浆被压抑了几亿年，此刻突然冲出地面，照亮了这片沉寂了几亿年的土地，许多动物吓得到处逃窜。地壳随之发生了强烈的褶曲与压缩，山脉隆起，形成巨大的花岗岩山系。怒火平息后，群山又遭到冰川的侵蚀，留下了陡峭的角峰、冰斗槽谷等冰川地貌。经历了这场漫长的造山运动后，落基山终于巨人般屹立在辽阔的北美大地上。

白垩纪末褶皱成山，经长期风化，于第三纪末再度隆起，并伴有广泛的火山活动。山体范围大，构造和地形复杂，南北差异明显。黄石国家公园以北的北落基山，东部在长列褶皱和冲断层构造基础上，以西北—东南走向的条状山脉和断层谷地相互间隔为特征；西部在美国境内深受切割，山岭和

谷地间错分布。黄石国家公园至怀俄明盆地的中落基山，宽度较大。西部褶皱与冲断层构造发育，条状山脉与谷地相间；东部以单一背斜隆起为主，山体断续延伸，走向不一，其间隔以宽广的向斜盆地。怀俄明盆地以南的南落基山，由两组南北向的平行背斜褶皱山脉组成，出露前寒武纪结晶岩，山体高耸，有埃尔伯特山等 48 座海拔在 4200 米以上的高峰，为整个山脉最雄伟的部分。第四纪时，落基山区经受了强烈的冰川作用，角峰、冰斗、U 形谷等冰川侵蚀地貌分布很广，海拔较高的峰峦还有现代冰川，地处高纬的北落基山尤为明显。

山区植被具有垂直分异的特点，垂直带图谱受制于高度、纬度和坡向。如

森林带的上界自南向北逐渐降低；下界湿润的西坡则较低于干旱的东坡。黄松、道格拉斯黄杉、帐篷松、落叶松、云杉等针叶树种分布较广。

落基山是北美大陆重要的气候分界线，对极地太平洋气团东侵和极地加拿大气团或热带墨西哥湾气团西行起屏障作用，导致大陆东、西降水的巨大差异，并对气温分布产生一定的影响。西以冬雨为主，除北纬40°以北的沿海和迎风坡降水较多外，年降水量皆在500毫米以下，冬季气温则高于同纬度东部各地；东以夏雨为主，除北部高纬地区和紧靠山地的部分大平原地区降水较少外，年降水量都在500毫米以上。

除圣劳伦斯河外，北美几乎所有大河都发源于落基山。山脉以西的河流属太平洋水系，山脉以东的河流分别属北冰洋水系和大西洋水系。

此山为北美东西交通的天然障碍，但也有少数山口可通铁路和公路，现有9条铁路穿越。

此处矿产资源丰富，为北美著名的金属矿区，加拿大境内苏里文的锌，美国境内比尤特和宾翰的铜、银、锌、铅，科达伦的铅、银、锌，科莱马克斯的钼等，都很著名。伐木业主要分布在蒙大拿州和爱达荷州北部较湿润的山区。畜牧业（牛、羊）主要分布在南落基山，山地为夏季牧场，盆地为冬季牧场。耕作业只限于土质较好、有灌溉条件的谷地或适宜旱作的地区。

山区景色奇特优美，随着交通的发展，旅游业迅速增长。有落基山、黄石、大蒂顿、冰川等国家公园以及火山、恐龙、大沙丘、甘尼森河布莱克峡谷等游览胜地。山区城镇较小，大部分随采矿业发展而兴建，或为交通、游览中心。

富士山

位于日本东京西南部约 90 千米处，呈圆锥形的富士山像一把腾空的扇子倒挂在本州岛，高耸入云。距今约 1 万年前，富士山是由于地壳运动而与本州岛激烈碰撞挤压隆起而形成的山脉，海拔 3776 米，山底周长 125 千米，横跨山梨、静冈两县，被誉为日本第一高峰。

天气晴朗时，在山顶看日出、观云海，是来日本必不可少的游览项目。放眼遥望皑皑的白雪，使人难以相信这是一座火山。而正是因为火山的喷发，人们今天才能有幸欣赏这天然的美景。由于火山的喷发，富士山的山麓处形成了无数山洞。富士山风穴内的洞壁上结满了钟乳石似的冰柱，终年不化。

仰望富士山顶，山坡上的火山灰宛如仙女的一袭长裙，斜斜地飘到半山腰。山顶是直径约 800 米、深 200 米的火山口，终年积雪，而在空中鸟瞰富士山，宛如一朵盛开的雪莲花。

驾着汽车渐行渐上，富士山的秋意越来越浓，山的颜色越发清澈透明，俨然一幅水彩画。松树、云杉，还有许多叫不出名字的树木，徜徉在斑斓的树海中，放眼望去，汽车仿佛一只只漂浮在海上的帆船。富士山的南麓是一片辽阔的高原地带，牛羊成群，绿草如茵。树木掩映下的农庄，露出"介"字形的屋顶，依然保留着古色古香的江户风格。

山的西南麓有著名的音止瀑布和白系瀑布。音止瀑布似一根巨柱从高处冲

击而下，声如雷鸣。白系瀑布落差 26 米，从岩壁上分成 10 余条细流从空而降，形成一个宽 130 多米的雨帘，仿佛"大珠小珠落玉盘"。富士山也称得上是一座天然的植物园，山上的植物多达 2000 余种。

著名的富士五湖坐落在富士山的北麓，从东向西分别为山中湖、河口湖、西湖、精进湖和本栖湖。其中山中湖最大，面积为 6.75 平方千米。湖畔有许多运动设施，可以滑水、垂钓、划船、打网球和露营等。湖东南的忍野村有镜池、涌池等 8 个池塘，总称"忍野八池"，与山中湖相通。河口湖是五湖中开发最早的，这里交通十分便利，已成为富士五湖观光的核心。湖上还有长达 1260 米的跨湖大桥，富士山倒映在河口湖中，姿态优美迷人。到了春天，在河口湖畔还能看到美丽的樱花，花瓣落在脚下，顿时会感到全身清香。

喜马拉雅山脉

高耸挺拔的喜马拉雅山脉东西横亘，逶迤绵延，呈一向南凸出的大弧形矗立在青藏高原的南缘。喜马拉雅山系由许多平行的山脉组成，自南而北依次可分为山麓、小喜马拉雅山和大喜马拉雅山三个带。大喜马拉雅山宽 50～90 千米，地势最高，是整个山系的主脉。

喜马拉雅山脉的南、北翼自然条件差异显著，动物和植物的种类组成截然不同。这种悬殊的自然景观十分奇特，让人不得不惊叹大自然的造化之功。以喜马拉雅山脉中段为例：中喜马拉雅山的南翼山高谷深，具有湿润、半湿润的季风气候特点。在短短几十千米的水平距离内，相对高差达 6000～7000 米，垂直自然带十分明显。

海拔 1000 米以下的低山及山麓地带是以婆罗双树为主的季雨林带。海拔 1000～2500 米的地方为山地常绿阔叶林带，与我国亚热带的常绿阔叶林类似，主要有栲、石栎、青冈、桢楠、木荷、樟、木兰等常绿树种。林木苍郁，有多种附生植物及藤本植物杂生其间。森林中常可见到长尾叶猴、小熊猫、绿喉太阳鸟等，表现出热带、亚热带生物区的特点。

　　海拔 2100～3100 米的地方为针阔叶混交林带，主要由云南铁杉、高山栎和乔松等耐冷湿、耐干旱的树种组成。植物组成具有过渡特征，随季节变化而作垂直的迁移。海拔 3100～3900 米的地方为以喜马拉雅冷杉为主的山地暗针叶林带。森林郁闭阴湿，地面石块及树木上长满苔藓，长松萝悬挂摇曳，形成黄绿色的"树胡子"。林麝和黑熊等适于这种环境，喜食附生在冷杉上的长松萝。

冷杉林以上为糙皮桦林组成的矮曲林，形成森林的上限。森林上限以上，海拔 3900～4700 米的地方为灌丛带。阴坡是各类杜鹃组成的稠密灌丛，阳坡则是匍匐生长的暗绿色圆盘状的圆柏灌丛。海拔 4700～5200 米的地方为小蒿草、蓼及细柄茅等组成的高山草甸带。再往上则为高寒冻风化带及其上的永久冰雪带。

　　中喜马拉雅山北翼高原上气候比较干旱，没有山地森林分布。在海拔 1000～5000 米的范围内生长着以紫花针茅、西藏蒿和固沙草等为主的草原植被，组成高山草原带。这里的动物多为高原上广布的种类，如藏原羚、野驴、高山田鼠、藏仓鼠、高原山鹑、褐背地鸦等。海拔 5000～6000 米的地方为以小蒿草、黑穗苔草等为主的高寒草甸以及坐垫植被带。主要动物有喜马拉雅旱獭、岩羚羊和藏仓鼠等。海拔 5600 米至雪线（6000 米）间寒冻风化作用强烈，地面一片石海，只有地衣等低等植物，形成黄、橙、绿、红、黑、白等各种色彩，组成独具一格的图案。

　　喜马拉雅山脉的东、中、西各段也有明显差异。东段比较湿润，以山地森林带为主，南北翼山地的差异较小；西段较干旱，分布着山地灌丛草原和荒漠；中段地势高耸，南北翼山地形成鲜明对照。

　　喜马拉雅山的顶峰终年白雪皑皑，在红日映照下，更显得晶莹剔透、绚丽多彩；一旦漫天风雪来临，它就被裹上一层乳白色的轻纱，犹如从茫茫太空中

飘来的一座玉宇。

　　千百年来，生活在喜马拉雅山区的人们，利用河流切穿山脉的山口地带，南北穿行。喜马拉雅山区的农业开发历史约有 600 多年。

　　藏族和其他民族在河谷阶地和缓坡上开垦耕地，修筑梯田，他们把耕地分成"巴莎"（上等地）"夏莎"（中等地）和"切莎"（下等地）等类别，开挖渠道，引雪水灌溉，种植青稞、燕麦、玉米等作物，在长期的生产实践中，积累了丰富的经验。他们根据高山冰雪消融引起的河流水量的变化，来判断气候的变化。他们看山影，观候鸟，观察报春花发芽、生叶和开花等物候现象，来掌握播种时节，安排田间管理。这些丰富的经验，对于发展喜马拉雅山区的农牧业有很实用的价值。

沙漠岩石大观

干旱的沙漠，神奇的岩石，总会让人的心中忽生莫名的恐惧；同时，也免不了勾起人们的好奇心。那些沙漠岩石的景观与神秘，正在吸引着人们，让我们一起去感受那些神奇吧。

岩塔沙漠

岩塔沙漠位于澳大利亚西部的西澳首府伯斯以北约 250 千米处，在临近澳大利亚西南海岸线的楠邦国家公园内。这片沙漠荒凉不毛，人迹罕至。沙漠中林立着无数塔状孤立的岩石，故而得名。形态各异的岩塔，遍布于茫茫的黄沙之中，景色壮观，使人感觉神秘而怪异。有人形容这种景象为"荒野的墓标"，让人感到世界末日的来临。这里地形崎岖，地面布满了石灰岩，只有越野汽车可驶到那里。如果科幻小说家要写一部描写岩塔的惊险小说，此地可作为最理想的背景。

暗灰色的岩塔高 1～5 米，矗立在平坦的沙面上。往沙漠腹地走去，岩塔的颜色由暗灰色逐渐变成金黄。有些岩塔大如房屋，有些则细如铅笔。岩塔数目成千上万，分布面积约 4 平方千米。

每个岩塔形状不同，有的表面比较平滑，有的像蜂窝，有的一簇岩塔酷似巨大的牛奶瓶散放在那里，等待送奶人前来收集，还有一簇名为"鬼影"，中间那根石柱状如死神，正在向四周的众鬼说教。其他岩塔的名字也都名如其形，但是不像"鬼影"那样令人毛骨悚然，如叫"骆驼""大袋鼠""白齿""门口""园墙""印第安酋长"或者"象足"等。虽然这些岩塔已有几万年的历史，但肯定是近代才从沙中露出来的。

在 1956 年澳大利亚历史学家特纳发现它们之前，外界似乎对此一无所知，只是口头流传着。早期的荷兰移民曾经在这个地区见过一些他们认为是类似城市废墟的东西。

20 世纪，从来没有人提及过这些岩塔。如果它们露出地面，肯定会被 19 世纪的牧人发现。因为他们经常在珀斯以南沿着海岸沙滩牧牛，附近的弗洛巴格弗莱脱还是牧人常去休息和饮水的地方。

1837～1838 年，探险家格雷在其探险途中曾从这个地区附近经过。他每过一地，必详细记下日记。但在他的日记中没有关于岩塔的记载。科学家估计这些岩塔的历史有 25 000～30 000 年，肯定在 20 世纪以前至少露出过沙面一次。因为有些石柱的底部发现黏附着贝壳和石器时代的制品。贝壳用放射性碳测定，大约有五千多年历史。这些尖岩可能在六千多年前已被人发现。

但是这些岩塔后来又被沙掩埋了数千年，因为在当地土著的传说中没有提到过这些岩塔。1658 年，曾在这一带搁浅的荷兰航海家李曼也没有提及它们，只是在他的日记中提到两座大山——南、北哈莫克山，都离岩塔不远。如果当时这些石灰岩塔露出沙面，李曼必定会记在他的日记里。沙漠上风吹沙移，会不断把一些岩塔暴露出来，又不断把另一些掩盖起来。因此，几个世纪以后，这些岩塔有可能再次消失。但它们的形象已经在照片中保存下来了。

帽贝等海洋软体动物是构成岩塔的原始材料。几十万年前，这些软体动物在温暖的海洋中大量繁殖，死后，贝壳破碎成石灰沙。这些沙被风浪带到岸上，一层层堆成沙丘。

最后，在冬季多雨、夏季干燥的地中海式气候下，沙丘上长满了植物。植物的根系使沙丘变得稳固，并积累腐殖质。冬季的酸性雨水渗入沙中，溶解掉一些沙粒。夏季沙子变干，溶解的物质结硬成水泥状，把沙粒黏在一起变成石灰石。腐殖质增加了下渗雨水的酸性，加强了胶黏作用，在沙层底部形成一层较硬的石灰岩。植物根系不断伸入这层较硬的岩层缝隙，使周围又形成更多的石灰岩。后来，流沙把植物掩埋，植物的根系腐烂，在石灰岩中留下了一条条隙缝。这些隙缝又被渗进的雨水溶蚀而拓宽，有些石灰岩风化掉，只留下较硬的部分。沙一吹走，就露出来成为岩塔。岩塔上有许多条沙痕，记录了沙丘移动时沙层的厚度及其坡度的变化。

波浪岩

在澳大利亚西部谷物生长区边缘的海登城附近，有一个名叫海登岩的巨大岩层。在它的北端有一个向外伸悬的岩体，称为波浪岩。波浪岩的命名是因为它的形状很像一排即将破碎的巨大且冻结了的波浪。波浪岩高达15米，长约110米，是澳洲知名的观光景点，距离西澳首府伯斯350千米。波浪岩高低起伏得自然，就像一片席卷而来的大海中的波涛巨浪，相当壮观。

波浪岩是由花岗岩石所构成的，大约在25亿年前形成。经过大自然力量的洗礼，波浪岩表面被刻画成凹陷的形状，加上日积月累的风雨的冲刷和早、晚剧烈的温差，渐渐地被侵蚀成波浪岩的形状。整个侵蚀进化过程十分缓慢，但是呈现在人们眼前的景象却如此的壮观，不禁让人感叹大自然的力量真是巨大无比！

波浪岩表面的线条是由于含有碳和氢的雨水冲刷时，带走岩石表面的化学物质，同时产生化学作用，因此在波浪岩表面形成黑色、灰色、红色、咖啡色和土黄色的条纹。这些深浅不同的线条使波浪岩看起来更加生动，就像滚滚而来的海浪。长久以来，波浪岩一直被埋没在西澳洲中部的沙漠里。直到1963年，一位著名的摄影师在一次旅行中，拍摄了波浪岩的画面，在美国纽约的国际摄影比赛中获奖。之后照片又成为美国国家地理杂志的封面，波浪岩一时之间声名大噪，此后成为摄影师争先恐后取景的地点。想要捕捉波浪岩各种颜色线条的秘诀，就是选在午后取景，因为这是一天当中，波浪岩线条颜色最鲜明的时候。波浪岩附近另有一座美丽的岩石，名叫马口。它是一座空心岩，外形像河马的嘴。向北几千米处还有一组奇形的岩石，名叫驼峰岩。造访这里的蝙蝠山洞，还可以欣赏到澳洲原住民的古代壁画遗迹。此处充满着造物者的神奇，吸引着无数游客前来一探大自然的奇妙变化。

纳米布沙漠

与大西洋一起形成骷髅海岸奇观的纳米布沙漠是世界上最古老、最干燥的沙漠之一，北起于安哥拉和纳米比亚的边界，南止于奥兰治河，沿非洲西南的大西洋海岸延伸了 2100 千米。

作为世界上最古老的沙漠之一，纳米布沙漠是一块保持着原始美的土地，这里存在着一些差异悬殊的自然景观。南部沿海沙丘逐渐升高，堆成了一片沙峰起伏的沙海，沙色由沿岸的灰白象牙色到东部内陆区的深橘红色，变化多端，沙丘延伸到奎士布河便忽然中止。奎士布河是一条周期性的河系，越过纳米布沙漠，形成了沙漠中的一道弧光。在惊人的自然演变中，纳米布沙漠最初在河床的北方出现，那里最初是一块布满碎石的平原，后来沙漠沿着骷髅海岸向内扩张，使平原逐渐变窄，最后就形成了一座座的

沙丘。

纳米布沙漠腹地至今仍繁衍着大量的土生动植物，动物主要是甲虫类，蜘蛛、蝎子及爬虫类动物也不少，它们都已适应了酷热、干旱的环境，有的已学会从雾霭中吸取水分。本地最有特色的植物则是千岁兰，能存活2000年，长到4米高，但露出地面的部分矮小，只有两片皮革般的带状叶子，生长所需的水分是由叶子吸入的。

澳大利亚沙漠

谈及澳大利亚的自然景观时，人们首先说出的可能是和熊猫一样可爱的考拉以及堪称动物群落中爱子典范的袋鼠。它们是澳洲自然景观的明信片，是吸引着人们目光的漩涡，激起人们对其所生活的西部荒原的向往。这是一片纯粹的、神秘的土地，它对人心灵的震撼是无可比拟的。踏足这片古老而生机盎然的土地，每一刻都会有意想不到的惊喜。

澳大利亚沙漠位于澳大利亚的西南部，面积约 155 万平方千米，由于南回归线横穿腹地，终年受副热带高压控制以及信风带不易接近等原因，使得这里夏季的最高温度可达 50℃。但令人惊奇的是，这片沙漠中竟有大约 3600 多种植物繁荣共生。因此，人们称这里为沙漠花园，驱车行进在荒漠之中，随处可以嗅到花的芬芳。在这金黄、广袤的沙漠里栖息了数百种珍禽异兽，使这片沙漠成了世界动物进化史的"活化石博物馆"。或许正是这里纯粹无杂质的宁静吸引了这些"隐士"在此驻足繁衍。

在澳大利亚沙漠景观中不得不提的就是艾尔斯岩了，也叫"乌卢鲁"，意思是"大地之母"，土著人视它为圣域，是心灵与信仰皈依的地方。它是世界上最大的独体岩块，犹如巨兽卧地，极具雄伟壮观之势。它有一种晨气以及超脱的怪异，每天随着太阳的移动，其颜色也在不断变化，极尽瑰丽。有人戏谑说，是太阳太依恋于它而把光辉投注，使其呈现永不褪去的红色。

除却自然景观的别致外，澳大利亚沙漠吸引人们眼球的地方还在于它在艺术上吐露的芬芳。土著艺术曾经是澳大利亚艺术的主流，直到殖民者到来之后，这里的文明才被弱化并最终被同化掉，但这不能否定土著艺术历史的辉煌。有人用梦想与梦幻来形容土著艺术的全部，土著人透过艺术的梦想与祖先交流，以梦的方式展现神话般的意境以及不可言说的真实，这是对神虔诚的信仰。在澳洲绘画艺术宝库内，主要以石窟画、树皮画、岩画为表现形式，但无一例外地都表现一个主题：世界由神创造。另外，土著文化的另一种表现形式就是土著打击音乐和舞蹈，通过这种简单的艺术形式达到娱乐生活和表达信仰的目的。

澳大利亚沙漠的美不是几个细节就可以穷极的，这更多地需要我们用心灵去发现、去感悟。它是沙漠中的一朵奇葩，以不可揣度的深刻吐露着自然与人文的芬芳，并带给我们一个个意想不到的惊喜。

塔克拉玛干沙漠

　　地球上最热的地方，不是在赤道，而是在沙漠地区。目前世界上气温的最高纪录是57.8℃，那是1922年9月和1933年8月，分别在利比亚的阿济济亚和墨西哥的圣路易斯测得的。前者在地中海南岸，其南为举世闻名的撒哈拉大沙漠；后者在墨西哥中部，位临北美沙漠。我国气温最高的地方，是在新疆吐鲁番盆地吐鲁番市原东坎机场气象哨测得的，温度值为48.9℃，正规气象记录则为47.6℃，也是在吐鲁番市气象站测得的，时间是在1942年、1953年、1956年的同一天——7月24日。沙漠地区气温之所以高，是因为这里空气极端干燥，上空很少有水汽，也就很少有云彩，阳光能直接照射到地面，而沙漠地区地面植物少，储藏热量的能力很低，近地层气温上升很快，形成了高温天气。

　　塔克拉玛干沙漠腹地大风并不多，并且在高大沙丘区，沙丘移动十分缓慢，一年移动距离不足一米。所以，人们常说的历史时期以来，塔克拉玛干沙漠向南移动了80～100千米的说法是不对的。历史时期以来，塔克拉玛干新增沙漠化土地不过三万多平方千米，即使全部摊到塔克拉玛干南缘，也不过平均四千米的距离。这是因为原来就在沙漠中的城镇、丝路在废弃后被沙埋所造成的沙漠大规模向南移的假象，实际上，这些遗址南面原先也是沙漠，它们的废弃造成了南北沙漠合二为一的结果。

　　但是，我们也不能忽视大风所带来的危害。在沙漠外围地区，由于风力活动，会使一些低矮的沙丘每年移动几十米至上百米，对绿洲造成严重危害。而且，由于塔克拉玛干沙漠的沙粒十分微细，在很小的风力下就会启动。别的地方起沙风达到 6 米/秒，而在塔克拉玛干在风力 4 米/秒时就能起沙，使塔克拉玛干成为我国西北地区沙尘暴一个重要策源地。

沙尘暴是塔克拉玛干沙漠地区一种常见天气现象，在塔中和满西，每年的沙尘暴日分别达到 65 天和 66 天，一举掠取新疆的冠、亚军称号。沙尘暴影响范围，少则几百米，多则达上百千米；时间短则几分钟，长则在一昼夜以上，能见度差时真是伸手不见五指，大有"黑云压城城欲摧"之势。在与一些过境恶劣天气现象相结合时，所形成的沙尘暴更是来势汹汹，规模浩大，常常形成灰、黑、黄色的巨大沙幕，席卷而来，大有扫荡一切之威力。

在塔克拉玛干沙漠中，天气现象也是丰富多彩的。除了日升、日落、朝霞、夕阳、煦煦和风、狂烈风暴等特色外，也可以见到被认为是湿润地区特有的雾、雹、露、霜、雪等种种现象。

雾是因水汽凝结而生，而在被视为干燥绝顶的塔克拉玛干，一样有大雾天气出现，在沙漠中，一年中雾日就有三天半。一些学者从理论上探讨过，雹子在极端干旱的沙漠区绝不可能出现，可实际上真有出现。冰雹大者如蚕豆，打在头上也很疼痛。

在沙漠腹地，一年中有近十天的雷暴日，有长达 140～230 天的霜日，甚至有两天降雪日，积雪深 1～5 厘米。看到一望无际的大漠一派银装素裹，人们真要惊叹大自然的造化神功了。至于因气候原因形成的自然景观，如沙漠海市蜃楼、尘卷风等，自然更是魅力无穷了。

塔克拉玛干沙漠所在的塔里木地台，形成于十多亿年前的元古代，即显生元第一个地质年代——古生代前的一个地质年代。在元古代中期，塔里木地台在造山运动作用下进一步增生扩大，出现高低悬殊的地貌景观。后来在剥蚀作用下，地台的东北、西北、西南的边缘和地台内部，由于张力而裂开，发生了强烈的沉降。这时，古亚细亚洋海水，趁势由东、西两个方向进入塔里木地台上的裂谷盆地，形成大面积海区，开始是在现今的尉犁—库鲁克塔格、柯坪东—阿瓦提、英吉沙—和田这几片，后来发展为塔里木北部和西南部两大海域。六亿年前，在地球进入显生元的第一个地质年代——古生代后，塔里木盆地海域进一步扩大，如今的塔克拉玛干大部分被海水淹没，形成一个统一的塔里木

海。塔里木海甚至一度淹没到现今的阿尔金山东段。至距今四五亿年的奥陶纪初期，海域范围达到古生代早期的顶峰，甚至殃及昆仑山东段。此时的塔里木海在东、西、南、北各个方向上均与外海相通，陆地只有一些狭小的孤岛和半岛。而从奥陶纪中期，塔里木海开始自南向北的后退，出现较大面积的浅海盆地。到奥陶纪晚期，塔里木海更明显减小，从柯坪至塔中一线升为陆地。接着，出现了新的造陆运动，进一步促进了海、陆分布格局的变化。此时，海水仅滞留于盆地北部。至距今 3.5 亿～4 亿年的泥盆纪中期，海水大规模向西退却，到了泥盆纪晚期，塔里木大部分已变为陆地。

但是，大海也不甘心至此退出塔里木，在距今 2.7 亿～3.5 亿年的石炭纪早期，它又卷水重来，重新淹没了几乎整个塔里木盆地，延续了几千万年，至石炭纪晚期开始大规模的退却。又经历了几次的反复，至占生代最后一个地质年代，距今 2.25 亿～2.7 亿年的二叠纪晚期，海水全部退出塔里木盆地，塔里木盆地正式进入大陆盆地发展阶段。

到了距今 0.7 亿～2.5 亿年的显生元第二个地质年代——中生代，塔里木盆地基本以大陆环境为主。在盆地内的地堑区，即地层断裂下陷的地区，则有大型淡水浅水湖泊存在。由于气候转向暖湿，降雨增加，河流活跃，沉积范围也进一步扩大。尽管在距今七八千万年的白垩纪晚期，又出现反复的海进、海退，在西塔里木形成袋状海湾，但整个盆地渐趋干旱已基本定局。

从 7000 万年前开始的新生代，成为塔里木趋向现代格局的地质年代。尽管在早期，在西塔里木仍然海进、海退频繁，而东塔里木却成为大陆剥蚀区，为新生代第一纪——第三纪晚期的大规模沉积活动准备了丰富的物质来源。随着喜马拉雅造山运动的波及和影响，盆地周围山体急剧抬升，河流广泛发育，将山区风化剥蚀物搬运到盆地中心，奠定了今天的塔克拉玛干沙漠。

卡拉哈里沙漠

卡拉哈里沙漠和撒哈拉沙漠虽然同在非洲，却有着迥然不同的景观。撒哈拉沙漠被颜色单调的红色沙海所依偎，终年如是；而卡拉哈里沙漠则幸运得多，它的景观是多样化的，它不是纯粹意义上的沙漠。它有周边河流的润泽，东北部的宽多河及赞比西河的上游、西北部的库内内河以及盘踞南部低洼山谷的奥兰治河在一定程度上缓解了沙漠的干渴，而这对维持区域内人和动物的生存繁衍是必要的；它有雨水的眷顾，虽然每年仅是 125～250 毫米，却也能把沙漠装扮得生机盎然，使我们还能透过这眨眼的绿知晓这里存在着四季更替。

卡拉哈里沙漠值得骄傲的是，它有其他沙漠所妒忌的热带干草原与热带稀树草原，炎热不是这里压倒一切的旋律，在短暂的雨季中，至少它能够感受一番春华秋实的美好。短暂的雨季是这里的福音，可能这也是上苍对布须曼人虔诚祷告的回报。每当雨季来临，卡拉哈里沙漠会一扫整个冬日的炙热干涸以及萧瑟的阴霾，步入一个生机勃发的时期；植物在雨水的滋润下繁茂丰盛，丰富的草场覆盖了地面，已经饿得羸弱无力的羚羊和野牛嗅着青草的气息迁徙而来，而狮子、豹子、野狗则追逐着它们的猎物，动物们就这样大量聚集到这片交织着细沙和草场的卡拉哈里沙漠中，生存并怡然自得。

卡拉哈里沙漠最早的现代人类是闪族丛林人，也叫布须曼人。他们的面部特征和蒙古人有些类似，我们权且把这当成是机缘巧合，当然这也并不能排除他们与蒙古人有渊源，只是有待于进一步的证实。闪族丛林人过着最原始的采集狩猎生活，男人负责狩猎，女人和孩子们则拾捡草根、块状茎，采摘野果。集体狩猎，作为一种为生存而创造的劳动形式，不是艺术，也不是娱乐，是人类最原始的舞蹈。而闪族丛林人 3 万多年来，一直沿袭着这种古老的舞蹈，或许这将是世界上最后的舞蹈。世代以狩猎为生的猎手们将狩猎当成他们的信仰和生存的意义，而不仅仅代表着谋食。他们对狩猎的推崇也反映在历史上遗留

下来的岩画中，动物是绘画长久不变的主题，这表明了布须曼人同周围环境中动物的紧密关系，并记录下对特定动物的特定看法。在卡拉哈里沙漠，闪族丛林人的捕猎技艺十分高超，他们利用涂满毒树液的箭来射杀动物。几乎每个猎手都能通过动物的足迹了解动物的所思所想，当动物的足迹表明它正在跳跃时，猎手也要跟着跳跃，身体里充满了快乐，仿佛在与神对话。然而这种快乐却因与现代文明的碰撞而无法维系，濒临灭绝，因为闪族丛林人捕杀濒危动物，这种为现代人价值认知所不容的生活方式也注定走到了尽头，更可能的结果是维系其生存的民族将从这片热情的土地上消失。对人类文明来说，这是一个无法弥补的缺憾，可能这片文明空白的出现将是永久性的。

闪族丛林人曾是这片土地的主宰者，文明也盛极一时，他们代表着世界上最古老的文化。人们在化石床中发现了距今25 000年前石器时代的工具，在卡拉哈里沙漠东部的措迪洛山的许多山洞里也发现了许多岩画，这些岩画是对处于神秘之中的南部非洲的一种揭示。闪族丛林人把每天生活内容的精华部分都反映在画中，并以其独特的记录方式倾诉着他们古老而悠久的生活，描画着非洲人特有的观念、文化，为我们展现了一部布须曼人真实生动的生活历史长卷。

闪族丛林人的岩画记录了自己的历史，也记录了美的概念。这种美的概念是现代非洲各种艺术的灵感源泉。我们看到的非洲面具、非洲石雕、木雕，甚至是到处可见的抽象风格的油画，都脱离不了这种美的气息，这种气息飘游在天地之间，融于大自然中，距离我们的心很近很近。

然而近代闪族丛林人文明的发展是缓慢的，以致被别的民族所取代，其实闪族丛林人的落后生产力是难以维系这样的文明的。即便它描绘的是天堂，"撒旦"也会闯进来。现在的闪族丛林人已开始接受文明世界的事物，毕竟一种先进文明终究要代替一种落后文明，进化论从来不考虑其他复杂的事情。因此，闪族丛林人的文明就像沙漠上的脚印终将会消散，留下的只是模糊的、支离的、无法整合的碎片。

或许布须曼人是卡拉哈里文明仅有的见证者，而随着时间的消逝，对这种文明的记忆会逐渐淡忘，趋近于混沌的模糊，再或许沉寂的沙丘会无言地诉说。《卡拉哈里沙漠的失落世界》一书，改变了这支神秘民族濒于灭绝的命运，同时也让我们近距离地聆听了沙漠里传来的文明乐章，知晓布须曼人的精神生活是一种救赎，如此我们的生命观不会因他们的消失而改变。

新疆地区

新疆维吾尔自治区位于中国西北部，是一片神奇的土地。巍峨的昆仑山、天山和阿尔泰山高高耸立；黄沙似海的塔克拉玛干和古尔班通古特大沙漠静静地躺在那里。可是，又有谁会想到，在很久很久以前，这个有着高山和沙漠的地方竟然是浩瀚的古地中海的一部分。

自然界的这一沧桑巨变，早在中国古代时，就已被我国学者们发现了。宋代著名科学家沈括在太行山东侧山石中发现蚌壳化石时，便据此作出了先前这里曾是一片汪洋的论断。在现代地质学中，这些化石是记录历史变迁的最佳载体，了解新疆的过去正是凭借这些动植物化石。

远古时候的新疆与现在迥然不同。在5亿年前的寒武纪，新疆既没有昆仑山、天山和阿尔泰山，也没有塔里木和准噶尔两大盆地。新疆东北和东南有两片古陆，西部是一片汪洋大海，称"塔里木海盆"，也叫"塔里木海"，由于两片大陆夹着一片海洋，使得整个塔里木海盆看上去像一个朝西开口的大喇叭。当时有许多原始的小动物生活在海里，其中要数三叶虫最为常见。在地壳变动中这些三叶虫被沉积物掩埋，经过自然界的长期作用，最后变成了化石。现在，这种化石在新疆的许多地方都能找到。

距今大约3亿年的石炭纪，新疆海域的范围进一步扩大。当时，除了北面的阿尔泰山和南面的阿尔金山一带岛状山地已屹立在海面上，整个新疆几乎全

都淹没在海水之中。新疆北面是准噶尔海盆，也叫"准噶尔海"，这里的海水主要来自东部；新疆南面是塔里木海盆，这里的海水主要来自西面。而深深的天山海槽则位于这两个海盆中间。由于中间没有多少阻隔，南、北两个海盆当时可能是沟通的。根据推算，那时的新疆海域面积十分广阔，大小相当于现代的黄海和东海面积之和。

在那个时期，一些原始的鱼类其实和现代鱼类的样子已十分相似，只是各种器官的功能还很不完备。此外，珊瑚、带贝壳的腕足动物、海百合等也已十分普遍。在海滨地带和海岛上，许多今天已经灭绝的植物，如亚鳞木、星芦木、羊齿、轮木等蓬勃生长。地质历史时期有几个气候最温暖、湿润的时期，石炭纪便是其中之一。良好的气候条件导致当时的动物空前繁盛，可以想象那时的新疆海域欣欣向荣的情景：蔚蓝的海水拍打着岸边礁石；浅水处，珊瑚争艳，鱼儿戏水；海滨地带，高大的树林在微风吹拂下欢乐地哗哗响着。真是生机盎然，令人向往。

到了石炭纪晚期，新疆的海水开始消退，塔里木海盆的东部已抬升成为陆地。新疆海域面积从那时起就开始不断缩小。

2亿年前是二叠纪，新疆海陆变迁在这一时期最为剧烈。大约2.3亿年前，又一次强烈的地球构造运动拉开了帷幕，地质史上称之为"华力西运动"。新疆在这次运动中出现了大规模的海退，海域面积急剧缩小。到二叠纪末期，新疆大部分已上升为陆地，只有最南边的喀喇昆仑山和东昆仑一带仍在海中。当时新疆已初具今天的规模，北面出现古阿尔泰山，中间是古天山，南面有古阿尔金山和古西昆仑山；古塔里木盆地和古准噶尔盆地也初步成形。这又一次的沧桑巨变使得新疆由海变陆。

二叠纪后，大约有6000万年的时间，新疆的海陆形势没有改变。那时，仅仅是古地中海的北部边缘有海水，而且很浅，且时进时退，其声势和规模已完全不能与昔日相比。新疆的再次改变发生在1.4亿年前的白垩纪到3600万年前的早第三纪。在这一时期内，塔里木盆地西部又经历了一次较大的海进。海水由西边的阿里莱海峡侵入，和田河以西塔里木地区首先被淹没。海水一直往东推进，最后进入东塔里木区，库车一带也浸入了海中。这可能是我国西部的最后一次海进。当时的海水约深100米，不算太深，并且东西不平衡，西部略深些，愈往东愈浅。在这个时期的海水中，体积微小的介型虫和有孔虫，比如形如小卵石、表面光滑的玻璃介、两侧长有突瘤的土星介及图片状币虫、圆片虫等是海水中的主要生物。大量海生物死后，其遗体掩埋在沉积物中，经过反复的物理、化学变化，最后变成了石油。

早在第三纪以后，一次强烈的地质构造运动——新构造运动开始重新设计地球的样子了，地球的大部分地区因此又发生了一次沧桑巨变。正是因为新构造运动，地球上才出现了高山、盆地、大海和湖泊，并且与现在的布局大致相同。

新疆也受到了新构造运动的影响，自早第三纪以后，海水退尽，出现了帕米尔高原，阿里莱海峡封闭了起来。自此，新疆始终保持着大陆的形式，海水再未进过新疆。由于新构造运动的影响，青藏高原海拔升到了5000多米的高度。帕米尔高原、天山、阿尔泰山也都相继隆起，塔里木盆地和准噶尔盆地变为封闭的内陆盆地，新疆真正成为欧亚大陆的腹地。由于大陆性增强及气候变干，塔里木盆地和准噶尔盆地中出现了成片的沙漠，现代自然景观开始形成。

既然新疆历史上有过漫长的海洋时期，那么从现在的情况看，新疆还有可能再成为海洋吗？地质学家指出，随着地球历史的演进，并不排除这种可能性。当然，对人类来说，这个时期太过漫长了。只有得到更多、更深刻的科学数据，人类才能充分地了解地球历史的变迁，也才能预见到它的陆海变迁规律。

如今新疆的沙滩戈壁，不仅是一座天然的古地中海博物馆，而且是一个巨大的昔日海洋的迷宫。我们的探索只是揭开了冰山一角，它将永远吸引着一代又一代的科学工作者对其进行探索。

撒哈拉沙漠

提及撒哈拉沙漠，人们立即会以诸多称谓冠之，"沙漠之王""不毛之地""生命的坟墓"等。以上种种描述，足以显现出撒哈拉沙漠自然环境的险恶，加之影视、文学作品对其大肆渲染以及人们对它理解的空白，使得本有好奇之心的探险者对其望而却步，不想去接受这份已存在许久的真实，更没有了置身其中的勇气，把它看作是存在于地球上的甚至比南极、北极以及喜马拉雅山更难以逾越的生命禁区。如果说沙漠是一本厚重且载满神奇的书，那么撒哈拉沙漠应该是这本书中最最吸引人眼球的章节，错过了它就等于错过了自然的美丽，文明的精彩。撒哈拉沙漠辽阔浩浩的沙海，其面积甚至可以和中国的国土面积相提并论。而它的表面覆盖的不仅仅是漫漫黄沙，它所展现给我们的也不仅仅是苍劲浑厚之美。除了这些，还有许多我们不得而知且深埋于沙海之下的神秘有待稽考，而这里关于远古时代冰川的考证以及失落文明的传说，无论从自然还是从人文角度来说，都值得我们付出更多的耐心和努力去期许和探知。

"撒哈拉"这个名称来源于阿拉伯语，是从当地游牧民族图阿雷格人的语言引入的，意为"大荒漠"，同时还有"空虚无物"的意思，有时也被翻译成"生命的坟墓"。它横贯非洲大陆北部，东西长达5600千米，南北宽约1600千米，总面积约860万平方千米，约占非洲总面积的28.4%。撒哈拉沙漠西从大西洋沿岸开始，北部以阿特拉斯山脉和地中海为界，东部直抵红海，南部到达苏丹和尼日尔河河谷。撒哈拉沙漠分为几部分：西撒哈拉、中部高原和东部荒凉区域，其中东部为特内雷沙漠和利比亚沙漠。撒哈拉沙漠将非洲大陆分割成两部分，北非和南部黑非洲，这两部分的气候和文化截然不同，撒哈拉沙漠南部边界是半干旱的热带稀树草原，阿拉伯语称为"萨赫勒"，再往南就是雨水充沛、植物繁茂的南部非洲，阿拉伯语称为"苏丹"，意思是黑非洲。撒哈拉沙漠的构成并不单一，包括石漠、砾漠、沙漠等多种类型，这里有沙滩、沙丘、沙海等地形。

其实撒哈拉沙漠在公元前2500年就已经形成了，而其所处的特殊的地理位置又保持甚至扩大了它的面积。它位于北回归线两侧，常年受副热带高压带控制，干热面积较广。另外东北信风又难以眷顾，加之途经大陆边缘的寒流的减温、减湿作用和高大地形的影响，使得土地演变成沙漠就成了无法避免的地理现实。同时区域内没有河流的滋润使得这里很难成为文明的发源地或文明传播的驿站。因为古代文明的建立与传播大都是沿河流而行的，诸如黄河文明、尼罗河文明和两河文明。这里不得不提的就是后两者，它们有幸在沙漠边缘成为人类文明的发祥地就得益于河流。但这并不是说撒哈拉沙漠就没有属于自己的文明。只不过这种文明现在仍沉浸于漫漫黄沙之中无从查实，或者说是鲜有显现但却以令人匪夷所思的形式表现出来。其实这也是撒哈拉带给人类的神秘，也正是其令人迷惑不解的地方。

撒哈拉沙漠是流动的，如果宿营在此，第二天醒来或许全然迷失了方向，地貌已改头换面。正因为沙漠是流动的，所以文明也与其沉浮相伴，但文明的根源却并不会因此而泯灭，迟早会透过丝丝痕迹走近真相。其实在这极端干旱、土地皲裂、植被覆盖稀少的地方，是有过繁荣昌盛的远古文明的，比如沙漠上绮丽多姿的大型岩画就是这远古文明的结晶。从开始的以个体形式出现的刻有鸵鸟、水牛以及各式人物画像的岩画到后来的长达数千米的绘制于岩阴上的反映远古和谐生活情景的壁画群，都在印证着一个事实，那就是4000年前，这里不是荒漠而是草原，在气候变化前，生活在这里的民族创造了高度发达的文化。这种文化最主要的特征是磨光石器的广泛流行和陶器的制造，这是生产力发展的标志。在壁画中还有撒哈拉文字和提斐那古文字，说明当时的文化已发展到相当高的水平。换句话说，这里的文明并不逊色于中原和河谷文明，只是

现在自然条件及认知水平的限制使得这些文化不能轻易地为人们所知晓。

　　前面提及 4000 年前撒哈拉沙漠是肥沃的草原，可令人们迷惑不解的是在沙漠腹地还发现了类似古代冰川的痕迹。因而一个大胆的臆想就是，只有像南极这样庞大的极地冰冠，才能有如此大的冰原在如此广袤的地区留下痕迹，所以远古时代南极很可能位于撒哈拉。这是人类对撒哈拉沙漠的新认识，印证了撒哈拉确实经历了沧海桑田的变化，它的过去并不像它现在所表现的那样苍凉。而更多的沉睡在沙漠下的秘密需要我们去进一步唤醒。

　　撒哈拉大沙漠浑然天成的风景长卷历经岁月的洗礼，放射出宁静而圣洁的光芒，对于每个对真实世界存有好奇、对未知的神秘存有渴望的人来说，都是一种心灵的慰藉。也正是基于这样一种真实，激发了人们对撒哈拉的好奇与探索，虽然有时会有一丝无能为力的怅然。

艾尔斯岩

　　艾尔斯岩位于澳大利亚干热中心——北部地区的西南角附近。这块巨大的、黄褐色巨石长 2.4 千米，宽 1.6 千米，屹立于周围的沙漠平原之上，高达 348 米，是世界上最大的裸露地表的独块石头。一条内陆土路从艾丽斯温泉通向大独石附近的汽车旅馆，使观光者有时间攀登巨石，体验随早晚变化的光线而展现的巨石奇观。它犹如落日余晖时的景象：巨石看来像从光球内部发出的白光一样，在逐渐暗淡的光线中，在其变成黑色的轮廓前，巨石从白天橘棕色变成浓浓的深红色。对于那些早起观景的人们，拂晓的光线使得大独石展示出更加美丽而朦胧的色调。攀登巨石并不难，但是澳大利亚沙漠的酷热使登山成为一项危险的事情。随身携带的最重要的物品就是水。要是没有它，人就会脱水、中暑和热衰竭，还要冒长时间暴晒而引起过量紫外线辐射的危险。

　　1872 年，一位欧洲人首先发现了艾尔斯岩，当时这名澳大利亚探险家欧内斯特·贾尔斯正在穿越该地沙漠。然而，早在欧洲人来到澳大利亚之前，英国人就开始在此殖民和运送囚犯。当地的土著人把大独石称为"尤卢鲁"，环绕大独石基部有许多土著壁画，它是土著文化的一个重要特征。同样，大独石也赋予西方的艺术家、诗人和摄影师以灵感。

艾尔斯岩之所以令人难忘，主要是因其规模巨大。而其西部约 24 千米处的奥尔加山则因其美丽而闻名。这原始的独石在这里被大自然雕琢成一个孤山群——一处由小型独石混杂在一起组成的迷人景色。奥尔加山比周围平原高出 457 米，海拔高度为 1069 米。孤山群约有 30 个圆顶山丘，总称为奥尔加独石群。欧内斯特·贾尔斯把这些山丘命名为西班牙皇后。但是，几个世纪以来土著人一直把其称为卡塔朱塔，贴切地将这些山丘描述为"多头山"。

在这个面积为 28 平方千米的小山群中，意志坚定的旅行者们会遇到历经几百万年的暴雨刻蚀而形成的深切峡谷与沟壑。陡峭的悬崖位于路堑两侧，提供了一条免受沙漠灼热之苦的凉爽遮阴的步行道。使旅行者不受太阳炙烤的威胁，以松弛的身心欣赏大自然巧夺天工的美景。

艾尔斯独岩和奥尔加独石群形成于冰碛岩，一种似乎与其目前炎热沙漠中部位置很不一致的古代冰川沉积物。然而，独石大约是在 6.8 亿年前形成的，当时澳大利亚位于更高的纬度。古冰川形成的岩石在南半球国家的许多地方同样都有发现，这表明过去地质时期曾有多次冰期。这样的岩石是重要的气候指示器，有助于确证用古磁学等其他方法测定的从前的大陆位置。艾尔斯岩的地层接近垂直，而奥尔加山的地层接近于水平，这一反差可以用来解释两个露头之间侵蚀方式的差异。两大主要侵蚀方式影响了两个地区：雨水侵蚀区和热力侵蚀区。尽管它们都地处沙漠，但每年都有几百毫米的降水，而且趋向于每隔几年降一两次大暴雨，当强烈洪水顺着岩壁急流直下时，冲走了沿途的疏松物质。热力侵蚀是由灼热的白天与严寒的黑夜之间的气温极端变化引起的，当岩石不停地膨胀和收缩时，终于引起岩石碎片的脱落。

索诺兰沙漠

　　和其他沙漠一样，索诺兰沙漠摆脱不了被烈日炙烤的命运，它被沙漠游吟诗人约翰·凡戴克称为"太阳之火的王国"。它沐浴在西太平洋和加利福尼亚湾的湿润空气中，被夏季季风带来的夏季雨水和太平洋的冬季雨水所眷顾，荒野中千万年的原始造化将会蠢蠢而动，取尽每一滴雨水的精华，因而它又是世界上最湿润的沙漠之一。得天独厚的自然条件孕育了独特的旱地生态系统，使之成为一座瑰丽恢弘的自然生态宝库。

　　索诺兰沙漠，位于美国和墨西哥交界处，也因为附近有希拉河流过而被称为希拉沙漠。由于它的纬度比莫哈韦沙漠低，也被称为"低沙漠"。它是北美地区最大和最热的沙漠之一，总面积达 26 万平方千米，从墨西哥下加利福尼亚州的东北部一直扩展到美国加利福尼亚州的东南部、亚利桑那州的西南部和墨西哥索诺拉州的西部。西面是半岛山脉，半岛山脉将它与加利福尼亚丛林和下加利福尼亚沙漠分隔开来。北面是莫哈韦沙漠、大盆地和科罗拉多高原。东面是海拔较高的亚利桑那山脉温带针叶树林和西马德雷山脉森林。正是由于其周边独特的地形，使其不得不跨过高耸的半岛山脉才能艰难地感受到海洋的气息，忍受着这近在咫尺却难以为海洋所泽被的煎熬。

　　由于雨水充足，索诺兰沙漠理所当然成为世界上生物品种最多的沙漠。这里有 2500 多种植物，包括龙舌兰科植物、棕榈科植物、仙人掌科植物、豆科植物等。同时也生活着近 60 种哺乳动物、350 种鸟类、20 种两栖类物种、100 种以上爬行动物，最出人意料的是，居然还有 30 种鱼类。所以，这里的生态系统堪称世界上最完整、最大的旱地生态系统之一。

　　仙人掌是索诺兰沙漠的典型植被，以至于这片荒漠也因此被叫做仙人掌荒漠。在索诺兰所处的地带，没有寒冷的冬季，终年都有相对丰富的降水，因而这里才成为巨人仙人掌天然的故乡。仙人掌之于索诺兰沙漠，一如胡杨之于塔克拉玛干，它是索诺兰沙漠的灵魂，是沙漠中仅存生命力的凝聚，它用它的刚劲和顽强守护着这片干渴的土地。

沙漠在成为沙漠以前，未必就是荒凉的。其实每一片沙漠在形成之前，都有其辉煌的过去。而在近代条件下许多沙漠的形成是人与自然双重作用的悲惨结果。未形成沙漠以前，独特的自然条件吸引了大量的人们在此聚集、繁衍生息，随之创造了自己的文明。据说在公元3世纪，霍荷卡姆人就已在今天的菲尼克斯和图森自在地生活，在欧洲人来到北美之前，他们就建造了世界上最复杂的灌溉运河。同时美洲原始居民还在巨石上留下了人、动物和神灵的图画，他们似乎在用这些符号记录并传承着特定时代、特定地域的文明。遥看这些镌刻在巨石上的文明，画中角色仿佛在凝望这片大地，倘若真是这样，那他们一定已多次目睹过重复了千年的生存大戏。

索诺兰沙漠总体上来说是寂寥的，但是在未被人完全发掘和遗忘的角落里，它又是孤独而美丽的，它用自己艰难的生命诠释着大漠风情，把一个又一个惊奇带给了人们。

罗 布 泊

历史上的罗布泊，曾经也是个水乡泽国。《汉书》里说它"广袤三百里，其水亭居，冬夏不增减"。元代的时候，它名叫"罗布淖尔"，这是蒙古语的译音，含义是"多水汇集之湖"。仅仅是这个秀气的名字，自舌尖上婉约吐出，便是不尽的水润丰盈，唇齿留芳。诸多河流都汇集于此，一脉相连，好似珍珠散落在这片洼地上。

这里是繁荣的丝绸之路的咽喉要塞，这里孕育了昌盛的楼兰古国。勤恳的骆驼撑起了丝绸璀璨的文化，楼兰美丽的新娘舞出生命的激昂。

然而如今的罗布泊，名字已只剩了干涸与萧条。丝绸之路的驼队已是渐行渐远，驼铃呜咽的旋律被狂风吹散，黄沙满途；楼兰古国的美丽，也最终淹没于自然和岁月的风尘中，成了繁华后的废墟，留下了千年的谜语。

曾经神话般地存在，又神话般地消逝，一如明艳动人的少女，历经尘世风霜，成了两鬓苍苍的老妪。罗布泊就像凋谢在春天尽头的一朵寂寞的花。

人们称塔克拉玛干东部的罗布泊为世界"旱极"，地理和气候条件都极端恶劣，昔日的烟波浩渺早已无影无踪，只余一片干旱的洼地，荒凉得令人恐怖。从上空俯瞰，罗布泊形状酷似一只巨大的人耳，聆听着神明的法谕、自然的规则、人类的宣判。关于"耳朵"的成因众说纷纭，如同罗布泊的其他诸多争论一样，永远没有结果，也永远不会休止。

从无垠的旱地上四望，广袤的空间没有多少生命的迹象。环境的单调死寂，使人的方位感也随着减弱，格外地无助茫然。满眼都是风蚀的雅丹地貌，向目光所及之处尽情伸展着，如楼兰王国给追寻者设的层层防线。灰白色的土丘高大林立，错落有致，如一本斑驳的史书，给人无穷的遐想。在东北部有一片风蚀最强烈的地区，《水经注》里形象地称其为"龙城"，因其土丘鳞次栉比，远看似巨龙腾挪跌宕。土丘之间的风蚀凹地如街巷延伸，阡陌纵横，幽静深邃，别有意境。"龙城"本无城，更像是大自然打造的迷宫，徒增探险者的颠簸跋涉之苦，在感叹之余心生畏惧。

"地广千里，皆为盐而刚坚也。"罗布泊洼地积聚着大量盐类，地上覆盖着一层黑灰色盐壳，踩踏上去咯吱作响。盐壳是规则的六角形结晶，厚重坚硬，上有自然流畅的波纹，层层叠叠，如昔日水乡风韵再现。大片的盐壳连在一起，波纹似乎也带了生命的灵动，为四周一片呆板单调的环境注入了跳跃的韵律。随便拾起一片，便可入诗入画，是不需任何修饰、最为原生态的艺术。

站在浩瀚的荒漠里，站在千年前的湖心，面对一望无际的雅丹和盐壳，无法不去想象曾经的勃勃生机，感叹天地造化的残酷无情。虽然我们从不曾经历，但那永远是心中一个美丽的梦幻。昔日这里有万顷碧波，点点湖泊如众星捧月，环绕着中心的罗布淖尔。绿林四布，鸟语花香。那盐壳聚积之处，当年也曾能捞起肥美的鱼儿。水面平滑如镜，倒映着胡杨林婀娜的身姿，野鸭游弋，水鸟展翅，楼兰古人傍湖而居，泛舟撒网，牧牛放羊，如世外的桃花源般悠闲安乐。

那微微荡漾的潮流，那青春涌动的激情，终于在历史的风沙中湮没得不留痕迹，只剩下不倒的胡杨，如荒漠上的勇士，忍受着烈日、干旱、盐碱，还在用枯竭的枝干，为古老的灵魂默默守候，见证几世的苍茫。

作为中国荒漠化最严重的地方，罗布泊对于揭示自然和人为共同作用下的干旱区环境演变具有极为重要的科学价值，同时也是探险者勇于挑战自然和自我的极限，梦寐征服的地方。有关罗布泊的神秘传说，自古有之。东晋高僧法显、唐代高僧玄奘、意大利大旅行家马可·波罗，都曾在这片土地留下足迹，根据他们的所见所闻，写下了令人望而生畏的文字记录："沙河中多有恶鬼热风，遇则皆死，无一全者"，"沿途尽是沙山沙谷"，"禽兽绝迹"，丝绸之路似乎遍布着游魂枯骨。渐渐地，罗布泊罩上了一层离奇可怖的面纱，这里被称为"死亡之海"，亚洲大陆上的"魔鬼三角区"。古往今来，无数学者和探险者舍生忘死，深入其中，但由于地形险恶，

风沙肆虐，缺乏水源，人在其中难以辨清方向，多少人都倒在半途中，被可怕的罗布泊吞噬了生命，甚至连遗体也无从寻觅。壮志未酬，遗骨不安，风沙呼啸，如一曲悠长的挽歌，为这个荒凉之地又涂上了浓重的悲壮色彩。

33年前，著名的生物化学家彭加木率队在罗布泊进行科学考察，在缺水缺油的情况下，独自离开营地去寻找水源。谁能想到，这一去便成永诀，再也没有回转。这33年里，人们对他的遗体搜寻工作从来都没有间断，只是旱海茫茫，无迹可寻，直到今日也没有结果。人像阳光下一个渺小的水滴，在罗布泊神秘地蒸发了，消失得无影无踪。一缕英魂永留此处，只能空叹大漠有幸，埋了忠骨，又何必在意马革裹尸还？

"大雁飞过了，天空了无痕迹"，著名探险家余纯顺在徒步穿越罗布泊之前，用这句话来涵盖他的生命，不料一语成谶。罗布泊成了他生命探险的最后一站，他永远地倒在了罗布泊的湖心，无法再继续生命的征程，如同断翅的大雁，留给世人对于残酷与美好的长久思索。在亘古的大自然面前，人的生命只是流星划过的一瞬，雁过无痕。

日落时再看雅丹，已不只是坎坷的土丘。阳光的映射下，起伏的城堡金碧辉煌，雄伟又不失俏丽，也许这是楼兰古国穿越时空投射到今日的缩影，给人一个绝美的幻象，更加增添求而不得的惋惜。罗布泊的夜就要降临了，那是一种让人不能喘息的无边黑暗，即使身在其中，还是像远在天边。沙漠在月光的影里继续安眠，不知是否还有重生的那天。风声骤起，依稀刮来远方的歌，那份哀怨流淌了千年。

巴塔哥尼亚荒原

　　没有一块土地可以像巴塔哥尼亚那样在人的心头上掀起纠结的情绪，它干燥、寒冷，终日吹着不息的大风。它让来到跟前的人觉得自己是另外一个世界的人，然而又不满足于这样，便把一些多余的感情放在了来人的心坎上，比如说大把大把的忧郁和用手指和脸颊所能感触到的沧桑。在南半球的地图上，大陆的概念更像是岛屿，或者半岛，撒哈拉以南的非洲是这样，南美洲也是这样。在太平洋和大西洋万顷的碧波之间，南美洲所形成的巨大岬角就像是一个仅仅为过往绕行的船只提供歇脚便利的驿所，而那处狭长的荒凉的海港的名字就叫作巴塔哥尼亚，意思是"巨人的足印"。在这里，沙尘从西部飞起，从那红种人的安第斯山脉飞起，越过野生的玫瑰丛和萧索的羊群，沿着缓缓而下的地势直扑向东部，扑向那静止的聒噪的沙漠边上的悬崖海岸。对于这类宿怨一般地携带着沙尘做长途旅行的强风，人们称其为焚风。在西风最终吹入的大西洋东部边缘上，是同样冰冷的福克兰寒流，流过却不给这里的沙砾带来一滴雨水。

　　但是，福克兰的冷水中汇聚鱼群，巴塔哥尼亚的大地也有盛放的花朵。最先在这里开拓土地并生存的是特维尔切印第安人，他们是在 5000 多年前划着小船从火地岛登陆这片大陆的，而在此之前，他们是从何处迁居火地岛就不得而知了。殖民时代开始，这片贫瘠的土地虽然没有被当成核心地段被争夺，但也被西班牙人收归到其统治之下，并且一度与英国之间发生了所属问题的争执。作为这一段历史的结果，这里的人讲西班牙语，信奉天主教。在拉丁美洲独立之后，巴塔哥尼亚又陷入了另外一种尴尬的境地，这块土地上的原住居民实在太少太弱势了，以至于大家弄不明白谁才是这片荒凉和贫瘠的所有者，所以，它不得不接受智利和阿根廷等国家的新一轮的争夺。而这一时期，许多矿藏和物产在这里被发现有大储量地存在，移民也多了起来。但是，他们更多地还是把这里看作是一个生财的地方，而并非自己休戚与共的家园，从地表的草原林

木，到地下的油矿、煤田、铁矿都遭到了难以再生的掠夺性开发。而今，活跃在这里的，依然是一些鱼龙混杂的大资产所有者，在他们的口袋里和账册上，巴塔哥尼亚大片大片的可爱旷野只不过是一些有着良好的流动收益的项目。

这就是活生生的拉丁美洲的孤独，百年孤独，巴塔哥尼亚倾斜着侧卧在那里歇息，它不抱怨，只说：我承认，我历尽沧桑。这让我们联想起这片大地的本来面目，它并不厌弃自身的荒凉，也不加掩饰，正因为这样，我们也要喜欢这样的荒凉，我们甚至要为这样的荒凉而骄傲。这是怎样的荒凉呢？当海水从三面热情地涌上来，当大地在向南的途中越来越瘦弱，最终戛然而止，当湛蓝的天空下吹起高原的风、草原的风，当光秃秃的石头山为这里掩藏一天里最后的太阳，夜幕初落而举目不见灯火。就是这样的荒凉，像一场来不及醒来的梦，像发生潮汐的海洋的心中的一个不被摇动的角落。当巴塔哥尼亚的这一特性被人们领会到之后，它就成了一个痛苦的意象，像一个发烧的太阳，像一个霉变的月亮，叫人不能不为之苦恼，但更多的是忧郁。是啊，这个地方的蓝天和牧歌让人忧郁，这个地方长草和不长草的土壤让人忧郁，这个地方努力蜿蜒却难得有水的河道让人忧郁，这个地方所出产的诗人和文字让人忧郁。于是，我们又想到了聂鲁达。

"啊，你这伟大、丰盈，有魅力的女奴，
从那黑色与金黄的交替循环里，
挺拔屹立，完成了生命的创造，
鲜花为之倾倒，可你充满了伤悲。"

海洋冰川大观

神秘的海洋，秀丽的冰川，像一个个充满问号的谜团，等待着世人们去探索，去揭秘。海洋与冰川的神奇，不得不让人惊叹。让我们带着这些疑团，去瞧一瞧这些神奇的景观吧。

莫雷诺冰川

　　莫雷诺冰川（Moreno Glacier）位于南美洲南端，南纬52°附近，在阿根廷圣克鲁斯省境内。是地球上冰雪仍在向前推进的少数活冰川之一。1988年之前，每四年才发生一次"崩溃"现象，现在因为大气污染温度上升，每20分钟就"崩溃"一次，有人说是它是大气污染指数的警钟。夏天气温平均10～17℃。冬天最冷可至-17℃。适宜造访季节是11月至来年2月。阿根廷首都布宜诺斯艾利斯夏季里每日有内陆机出发，先飞到南端大城里奥加列戈斯，再由此处乘搭小型飞机或巴士可以抵达卡拉珐德。卡拉珐德每月有车子到冰川。附近的另外一个冰川，叫兀沙拉冰川（Upsala），比莫雷诺更大，但气势景致，仍以莫雷诺最美。

　　莫雷诺冰川有20层楼之高，绵延30千米，有20万年历史，在冰川界尚属"年轻"一族。目前，莫雷诺冰川似一堵巨大的"冰墙"每天都在以30厘米的速度向前推进，身临其下，似乎能感受到冰川时代的气息。

　　莫雷诺冰川也是世界上少数仍活着的冰川。实质上就是长年累月堆积起来的大量冰雪。

　　当冰雪堆积在群山之上，体积越积越大，而又绵延到下陷的山坳时，随着重力关系，就会形成千军万马般缓缓往山脚下流动的一道巨型流冰。基本上，这就是冰山。

一般来说，要形成冰川，除了气候，还需要一段很长的累积时间。世上冰川，其实不少。北半球的冰川一般年龄较大，许多已是处于"停滞不前"的冰川衰老期。南半球冰川，却多是生机蓬勃的"前进"分子——就是所谓冰雪会不断往前推动的活冰川。

在冰川附近，即使是盛夏，风景也一下变得单纯，只有蓝、白、黑三部曲，蓝色部分是天和水，白色是冰雪，黑色就是所有较暗的影子。

冰川的风景，像会压住人的胸口，寂静得有点吓人。它不是一般山脉草原河流里的春夏秋冬。那些风景里总会有点生命动作，要不牛羊忙着吃草，要不花草忙着热闹，就算是严冬下大雪，至少也会有阵雪花飞舞的缥缈。但冰川风景，就是出奇安静，它沉稳、明净、无言、透视……四周虽是光亮的白昼，也有万籁俱寂的感觉。

死 海

死海是西亚著名的咸水湖泊，位于巴勒斯坦和约旦之间的裂谷中。湖面比海平面低 392 米，是世界陆地上最低的地方。死海的面积约 1006 平方千米，平均深 300 米，水呈翠绿色。海中既无海鸟，也没有白帆，连波涛也没有。由于它的水里和四周岸边几乎没有植物和任何水生动物，故被称为"死海"。因为死海的水中含盐量特别高、密度大，比重比人体还要大，人掉下去，不仅能浮在水面上，还能像躺在床上一样地仰卧在水面上看书看报，不会下沉被淹死。所以人们又叫它是"不沉的海"。

死海拥有丰富的盐和其他矿藏，引起了人们的关注。但是，近年来，有不少人担心，死海将不存在了，它将真的"死"了。持"死海将死"观点的人，是根据死海的水面预言的。几千年漫长的岁月中，死海不断地蒸发浓缩，湖中的水越来越少，盐度越来越高。夏天，这里的气温可达 50℃以上，湖水迅速蒸发。就连向死海供水的约旦河，也不再是淡水河了。那里年降雨量很小，约旦

河水很大一部分要用于农田灌溉，水源正面临枯竭的威胁。1976 年，死海水位迅速下降，它的南部已经开始干涸了。照这样下去，死海是必"死"无疑了。死海如果真的"死"了，那里的环境就将随之变迁，后果不堪设想。为此，以色列计划用"输血式"方案来拯救死海，即打算开凿一条运河，以沟通死海与地中海，让地中海的水通过运河不断地流入死海，使死海重返青春。这样同时又可为核电厂提供冷却水。还可以利用地中海与死海之间近 400 米的落差开发水电。可是，许多证据说明，地中海是没有能力"帮助"死海的，因为地中海只靠大西洋少量海水及沿岸河流的补充，而它的海水蒸发量特别大，收不抵支。所以，死海似乎还要"死"。

然而，也有一些人从另外的角度看死海，认为死海根本不会"死"。因为死海位于著名的叙利亚——非洲大断裂带的最低处，而这个大断裂带还正处在幼年时期，因而死海前途无量，会成为未来的世界大洋。法国的一些海洋地理学家指出，与死海位于同一构造带上的近邻红海，其海底就新发现了一条深 2800 米的大裂缝。这个裂缝正在缓慢地发展，从地壳深处正在不断地冒盐水。既然死海与红海位于同一构造带上，那么死海也会像红海那样，迟早会有底部裂缝，迟早会从地壳深处冒出盐水，并将随着裂缝的增大，向着汪洋大海的目标前进。近年来，人们又非常欣喜地发现，死海中也有生命出现。20 世纪 80 年代初，科学家发现死海之水不再像以往那样清澈透明了，而是正在变红。原来，死海中正迅速地繁衍着一种红色的盐菌。盐菌数量多得惊人，每立方厘米海水中含有 2000 亿个盐菌。另外，还发现死海中存在一种单细胞藻类植物。这些发现，令人欢欣鼓舞。

但是，预言死海将"死"的还是大有人在。因为严酷的现实告诉人们，湖水在减少，它正不断受到干涸的威胁，而死海会变成大洋的说法只不过是一种建立在模块理论基础上的假说而已。所以，死海未来是"死"是"活"，还是个未知数。

深海大瀑布

陆地上的瀑布人们见得多了。比较著名的瀑布有地处委内瑞拉境内的安赫尔瀑布，落差 979 米，流量达每秒 1.3 万立方米，可称是世界之最。

然而，大洋深处有没有瀑布呢？可以告诉你，世界最大的瀑布不在陆地，而在大洋深处。人们最近发现，世界海底最大的瀑布地处丹麦海峡海面之下，约有 200 千米宽，每秒携带 500 万立方米水量，飞流直下 200 米之后，沿洋坡顺流而下，总落差达 3500 米左右。这一水体形成了北大西洋的深层海水。与巨大的海底瀑布相比，安赫尔大瀑布就显得小多了；世界大河亚马孙河每秒有 20 万立方米的水汇入海洋，但与丹麦海峡瀑布的水量相比，简直是"小巫见大巫"了。

深海大瀑布不仅规模大，而且在不同的海域都有发现。如冰岛——法罗瀑布，巴西深海平原瀑布，直布罗陀海峡深海瀑布。这些瀑布的形成，除直布罗陀海峡深海瀑布是由于盐度差异驱动形成之外，其他瀑布均是由温度差异形成的。

其实，人们早在 100 多年前就猜想，在有限的海洋区域里的某些深度上，有着规模宏大的深海瀑布。但是，由于缺乏测量手段无法得到证实。20 世纪 60 年代之后，海洋监测手段得到很大的改善，特别是电子技术、遥感技术等应用于海洋调查中，才使得这种深海奇观的存在得到核实。考察研究发现，深海瀑布的产生是海水对流运动的直接结果，大块流体的运动，驱使巨大热能量的转移，对海洋环境产生巨大的影响。此外，深海瀑布的形成，乃是海底垂直地形诱发形成的海水下降流动，所以，特殊的海底地形对深海瀑布的形成与规模起着重要的作用。在大洋深处形成的所谓的深海瀑布，实际上是一种极为特殊的下降海流。在一些特定海域人们还发现了一些上升海流，形象地说，这种上升海流是一种"倒过来"的深海瀑布。

由于深海瀑布的发现时间并不长，人们对它的机理认识还只是初步的，更谈不上对它的利用。巨大的深海瀑布就像一座迷宫一样，正吸引着人们对它进行更深入的探索。

红　海

埃及有两座美丽的城市，都有着迷人的海域：一片是亚历山大的地中海，一片便是赫尔加达的红海。地中海的美久已有之，狂放而热烈，就像爱情桥边的惊涛拍岸；红海则有红海含蓄的美、深沉的美、清澈的美，海水呈现一片靛蓝，在荒漠与天际相接之处，书写着醉人的诗意。

在非洲东北部和亚洲阿拉伯半岛之间，形成了一片温暖的红色海域，这就是红海。夫勒特曾这样描述过红海海岸："世界上只有这个地方才会有如此金黄色的山和五光十色的海中溶洞，这些溶洞是东方和热带地区之间的纽带。"一边是浩瀚的大海闪着耀眼的蓝，一边是广阔的沙漠耸立着如山般的巨石，散发着古老的黄。水的清新味道混合着黄沙的朦胧气味，这是一种怎样的交融？红海却在这里美丽得心安理得。

红海为何名为红海，有很多种说法，有的说来源于西奈半岛红色的峭壁；有的说红海中的贝类海藻色泽染红了海水；有的说风沙和气流的混合将海水映红……其实，红海的海水不是红色，海中间有一条宽宽的黄色的带子，两边是浅绿色，再过来点儿是深绿色，然后是蓝绿色、浅蓝、深蓝。沙岛的边缘，淡绿色的海面上，许多黑色的阴影时隐时现，那是海底的礁石不小心显露了自己。浅蓝、深蓝、宝石蓝、淡绿色、湛蓝、碧蓝、翠绿、墨紫，红海的海水随着天色和水域一层一层展现着最漂亮的色彩变幻。

明媚的阳光下，海面如宝石般熠熠发光，清澈透明，看不到一丝污染，海水平静地铺在红色的西奈半岛和阿拉伯半岛之间。走在细软的海滩上，撩着海水，脚边是一段弧形的海岸线，海水连着的天上有一条白色的云带，美丽迷人。

透过清澈的海水，甚至可以看清每颗沙粒。海水下面，生长着五彩缤纷的珊瑚和珍贵的海洋生物。远处层林叠翠，跌宕起伏的山峦与绵长的海岸遥相呼应，海面上航行的轮船和飞翔的海鸟相偎相伴。无尽的沙漠就挂在天边。脚下的细沙是米黄色的，湿度恰好不沾鞋，踩上去干净利索，留下浅浅的足迹。

红海被誉为世界上最好的浮潜地，许多潜水爱好者专程来到这里。当你漂浮在海面上，感觉大海就像一张柔软的床，更像母亲温柔的怀抱，拥着你香甜入睡。此时，阳光、大海和人，以一种最和谐、最融洽的方式组合在一起，营造出一种世外桃源般的境界。

著名的潜水摄影师大卫·杜比勒曾描绘红海潜水："在红海海底，每日每夜都非常热闹，珊瑚礁都在魔术般地默默地有节奏地跳着舞蹈……"在红海只需戴上护镜和蛙脚，游到珊瑚群，略微把头埋入海面，便可以清楚地看见可爱的珊瑚和热带鱼，完全不需要氧气瓶，当然你首先要会游泳。这里有不同的潜水培训班，会按你的要求安排不同的课程。

深海潜水更有不同体验：碧蓝色的海水下面矗立着一座巍峨的山峰，山势峥嵘，奇拔峻峭；身旁危崖耸峙，立壁如削，深不见底。当你像鱼一样在水中游戏时，旁边是自由自在的鱼群，百合渍香，海绵流红，海扇招展，五色的珊瑚先醉了，它扭着纤细的腰肢，站在那里憨笑；裸胸鳗，从礁岩洞中爬出来，扭起笨重的身躯，好像在跳舞，憨态可掬；一向胆小怕羞的拿破仑也悄悄地冒了出来，好奇地看着周围的一切。火红的金花鲈、海蓝色的乌尾冬也四处飞舞。在这醉人的风景中，时间仿佛也凝固了。如果再碰到沉船的遗骸，说不定会有额外的收获呢。这种体验无法言说，岂是美妙二字可概括的？

红海是一片年轻的海域，也是一个正在积极扩张的海域。1978年，在红海阿发尔地区发生的一次火山爆发，使红海南端在短时间内加宽了120厘米。如果按目前平均每年1厘米的速度扩张的话，再过大约2亿年，红海的大小很可能与大西洋一样浩瀚了，不知是该喜还是该忧呢？

不过，那个时候我们早已成为宇宙中缥缈的尘埃，而现在我们需要的只是收拾行囊，向着红海出发，去和天使来个亲密接触。

兰伯特冰川

南极洲的兰伯特冰川可能是世界上最大的冰川。在其流经查尔斯王子山脉时，宽达64千米。如果把向海延伸部分的阿梅里冰架也包括在内，长约708千米。它下泄了南极大陆冰盖1/5的水量，如果推断一下这些数据，便可知道地球上约12%的淡水都流经兰伯特冰川。要领悟这一大得惊人的数字，几乎就和站在这一冰雪世界中鉴别冰川一样困难。由于兰伯特冰川的规模是如此之大，所以公众对于阿尔卑斯或喜马拉雅的冰川从山上像河流一样向下流的印象不适用于兰伯特冰川，一幅卫星影像图是足以看出冰川并认识冰川的最佳选择。

冰川流动缓慢。世界上流动最快的冰川是格陵兰雅各布港的艾斯布雷冰川，每年流动7千米，而兰伯特冰川约以每年0.23千米的速度滑过查尔斯王子山，最后在阿梅里冰锋区加速到每年1千米，虽然它不是一条快速移动的冰川，但却是一条移动量巨大的冰川，每年约有35立方千米的冰通过兰伯特冰川。

当从飞机上空高处观看时，这条冰川的表面留下了流线状的痕迹——天然冰垄，就像在一幅全景油画布上用油彩画一幅超大油画时留下的刷痕一样，指明了冰川的流向。在冰川表面，冰脊是难以察觉的，但是它们可能明显地呈现为梯形排列的裂隙带。这些裂隙带是因冰川内部流速不同而成的，但是另一些裂隙也可能是不规则的冰川底部或沿途遇到的障碍物造成的。假如这样，冰面坡度的骤变可能形成一个混乱的冰裂隙区，它被称作冰瀑，相当于河流中的瀑布。当冰川流入阿梅里冰架时，冰川被迫环绕吉洛克岛流动，于是就在岛的下方形成了裂隙，有些裂隙宽达 402 米，最长达 402 千米，实际上，比有些阿尔卑山的冰川还要大。

这些巨大的冰裂隙或冰裂谷以覆雪为桥，对于路经该处的旅游者来说前程令人胆怯。然而，不管冰裂隙有多大，都能相当安全地通过，因为一台拖拉机的附加重量和支撑雪桥的重量相比总是微不足道的。

1955～1958 年，维维安·富克斯爵士曾在横越南极探险时，当他离开南极后遇到了类似的裂隙，据报道他驾驶拖拉机顺坡而下，直达雪桥，然而又直上另一坡。主要的危险来自雪桥边缘的小裂隙。在其他地方作冰川旅行时，可能会被直截了当地提示，小心避开已知冰裂隙区。就像非洲河流对非洲大陆的早期探险家们那样，南极洲的冰川也经常为探险家提供深入内陆的明显路线。沙克尔顿发现了比尔德莫尔冰川，它提供了从罗斯冰架进入极地高原的一条径直向南的路线；斯科特和他的四个同伴在其招致不幸的赴极地艰苦跋涉时，走的是同样的路线。

马亚里纳海沟

世界主要大洋都有海沟，但以太平洋中的海沟最具代表性，菲律宾以东的马里亚纳海的海沟是最深的。

探索和了解在惊人深处有何物生存是巨大的挑战。即使用一个垂直抓具采样也需要坚实有力、长达 11 千米以上的钢绳。这深处的压力达 1100 多个大气压。迄今为止，人的才智只能将一艘配有海员的钛制潜艇送到 6 千米深处，刚达到海沟小边缘。

然而，在科学考察中，用抓具、传感器和最新的摄像机对这些超深海渊进行远距离探测，发现了由熟悉和不熟悉的海洋样品组成的一个繁茂的特种动物群落。与海洋平原相比，海沟里动物种群的多样性相对减少，只有少量的海星、海蛇尾以及诸如星虫等其他群体。但是有多种蟹类、其他甲壳类动物、多毛目蠕虫、双壳软体动物和海参。光线无法穿透到这个深度，然而当用人造光照射这些动物时，它们就如其上层水中相对应的动物一样色彩缤纷。

即使在深海中，许多动物看上去比其同类长得更大。在其他地方只能长到几十厘米长的海葵，在地质活动比较活跃的区域中的一些热液排放口周围，可以长到 1.2 米或 1.5 米，其触手可长达 9 米多。而正常情况下只有几十厘米长的多毛虫可长到 1.2 米长。马里亚纳海沟，也称马里亚纳群岛海沟，是目前人们所知地球上最深的海沟，同时当然也是最接近地心的地方。

海沟地处北太平洋西部，北纬 11°21′，东经 142°12′，海沟为两大陆板块辐辏之潜没区，太平洋板块于此潜没于菲律宾板块之下。海沟底部于海平面下之深度，远胜珠穆朗玛峰海平面上的高度。

海沟最大深度为海平面下 10 911 米。若参考其纬度与地球之赤道隆突，此深度位置距地心为 6366.4 千米。马里亚纳海沟最深处是查林杰海渊。1951 年，英国"查林杰 8 号"船发现了这一海沟，当时探测出的深度为 10 836 米。此后，这一数据不断被新的纪录刷新。

1992 年，日本海洋科技中心耗资 5000 万美元，研制出"海沟"号水下机器人。"海沟"号长 3 米，重 5.4 吨，它是缆控式水下机器人，装备有复杂的摄像机、声呐和一对采集海底样品的机械手。它的研制目标很明确，就是要考察查林杰海渊。

经过很多次失败，1995 年 3 月 24 日，"海沟"号被 12 000 米长的长缆缓缓放向海底，母船操作室内的 17 个监视器显示出潜水器发回的图像资料。经过三个半小时的行进，"海沟"号到达查林杰海渊底部，这时测深表显示的水深是

10 903.3 米，修正水深为 10 911.4 米。修正水深是根据水压测定的值，通过含盐量、水温资料修正后的深度。于是，这条海沟又深了 15 米。

此后，"海沟"号还进行了试样采集及拍摄等考察活动，人们从它传回的图像中看到：茶色的海底泥土上，有一些白色的像海参一样的生物在蠕动，旁边还游动着数条小鱼，在此前，人类确认有鱼的最深处水深是 8370 米。

这条海沟的形成估计已有 6000 万年，是太平洋西部洋底一系列海沟的一部分。它在亚洲大陆和澳大利亚之间，北起硫黄列岛、西南至雅浦岛附近。其北有阿留申、千岛、日本、小笠原等海沟，南有新不列颠和新赫布里底海沟，全长 2550 千米。

潜水员曾在千米深的海水中见到过大家熟知的虾、乌贼、章鱼、枪乌贼，还有抹香鲸等大型海兽；在 2000 ~ 3000 米的水深处发现成群的大嘴琵琶鱼；在 8000 米以下的水层，发现仅 18 厘米大小的新鱼种。假如人们不是亲眼见到这许多的深海生命，只听传言，会以为这纯粹是天方夜谭。因为，这些看起来十分柔弱的生命，首先要经受数百个大气压力的考验。就拿人们在 7000 多米的水下看到的小鱼来说，实际上它要承受 700 多个大气压。这就是说，这条小鱼在我们人类手指甲大小的面积上，时刻都在承受着 700 千克的压力。这个压力，可以把最坚固的坦克压扁。在万米深的海渊里，人们能够见到几厘米的小鱼和虾，这些小鱼虾，承受的压力接近 1 吨。这么大的压力，不要说是坦克，就是比坦克更坚硬的东西，也会被压成烂泥。

地 中 海

1969 年 5 月 15 日 18 时左右，西班牙海军的一架"信天翁"式飞机在地中海的阿尔沃兰海域莫名其妙地栽进了大海，机上有 8 名工作人员，飞行高度很低，驾驶员很可能是想强行水上降落而未成功，机长麦克金莱上尉侥幸还活着，被救起后却说不清飞机出事的原因，出事地点离海岸仅一海里，人们打捞起两

名机组人员的尸体，军方派军舰和潜水员仔细搜寻了几天，另外 5 名人员始终没有找到。

1969 年 7 月 29 日 15 时 50 分左右，西班牙海军的另一架"信天翁"式飞机在同一海域执行反潜警戒任务时又神秘失踪。机长博阿多上尉发出的最后呼叫是："我们正朝巨大的太阳飞去。"这令人们无法破译。军事当局动用 10 余架飞机和 4 艘水面舰船搜寻了广阔的海域，仅仅找到失踪飞机上的两把座椅。

在地中海土伦湾海域，从 1964 年到 1989 年的 25 年里，有 6 艘潜艇失踪，而这段时间里全世界潜艇遇难事件共有 11 起。这 6 艘遇难潜艇有 4 艘是法国的。土伦海域的海底有许多深沟，被认为是试验深潜器性能的好地方。1968 年 1 月 20 日，载有 52 名艇员的法国潜艇"密涅瓦"号在该地试验时突然失踪。法国军方派出 30 多艘装有先进声呐仪的海军舰船、侦察机及救生机立即搜寻。应法国政府要求，美国也派出专门用于海底搜寻工作的船只"海燕"号进行协助。此时"海燕"号也在同一海域搜寻两天前失踪的以色列潜艇"达咯尔"号。经仔细搜寻没有找到任何遗物，"密涅瓦"号和"达咯尔"号永远地从地球上消失了，至今没有任何音讯。

这片神秘的地中海域比大西洋还要古老，它的文明是地球的又一精彩篇章。

地中海，被北面的欧洲大陆，南面的非洲大陆和东面的亚洲大陆包围着。东西共长约 4000 千米，南北最宽处大约为 1800 千米，面积（包括马尔马拉〔Marmara〕海，但不包括黑海）约为 2 512 000 平方千米，是世界最大的陆间海。以亚平宁半岛、西西里岛和突尼斯之间的突尼斯海峡为界，分东、西两部分。平均深度 1450 米，最深处 5092 米。盐度较高，最高达 39.5‰。地中海有记录的最深点是希腊南面的爱奥尼亚海盆，为海平面下 5121 米。地中海是世界上最古老的海之一，历史比大西洋还要古老。

地中海西部通过直布罗陀海峡与大西洋相接，东部通过土耳其海峡（达达尼尔海峡）和博斯普鲁斯海峡、马尔马拉海和黑海相连。西端通过直布罗陀（Gibraltar）海峡与大西洋沟通，最窄处仅 13 千米。航道相对较浅。东北部以达达尼尔海峡—马尔马拉海—博斯普鲁斯海峡连接黑海。东南部经 19 世纪时开通的苏伊士运河与红海沟通。地中海是世界上最古老的海之一，而其附属的大西洋却是年轻的海洋。地中海处在欧亚板块和非洲板块交界处，是世界最强地震带之一。地中海地区有维苏威火山、埃特纳火山。

地中海沿岸夏季炎热干燥，冬季温暖湿润，被称作地中海性气候。植被，叶质坚硬，叶面有蜡质，根系深，有适应夏季干热气候的耐旱特征，属亚热带常绿硬叶林。这里光热充足，是欧洲主要的亚热带水果产区，盛产柑橘、无花果和葡萄等，还有木本油料作物油橄榄。

最早犹太人和古希腊人简称之为"海"或"大海"。因古代人们仅知此海位于三大洲之间，故称之为"地中海"。英、法、西、葡、意等语拼写来自拉丁 Mare Mediterra Neum，其中"medi"意为"在……之间"，"terra"意为"陆地"，全名意为"陆地中间之海"。该名称始见于公元 3 世纪的古籍。公元 7 世纪时，西班牙作家伊西尔首次将地中海作为地理名称。

地中海曾被认为是以前环绕东半球的特提斯（Tethys）海的残留部分，现在知道它是在结构上较为年轻的盆地。其大陆棚相对较浅，最宽的大陆棚位于突尼西亚东海岸加贝斯（Gabes）湾，长 275 千米。亚得里亚海海床的大部分亦为大陆棚。地中海海底是石灰、泥和沙构成的沉积物，以下为蓝泥。海岸一般陡峭多岩，成很深的锯齿状。隆河、波河和尼罗河构成了地中海中仅有的几个大三角洲。大西洋表层水的不断注入是地中海海水的主要补充来源。其海水循环的最稳定组成部分为沿北非海岸经直布罗陀海峡注入的海流。整个地中海海盆构造活跃，常有地震发生，是世界上强地震带之一。这里水下地壳破碎，地震、火山频繁，世界著名的维苏威火山、埃特纳火山即分布在本区。

西西里岛与非洲大陆之间有一海岭将地中海分为东、西两个部分。西地中海中有三个由海岭隔开的主要海盆。由西向东分别为阿尔沃兰（Alboran）海盆、阿尔及利亚海盆和第勒尼安（Tyrrhenian）海盆。地中海东部为爱奥尼亚海盆（其西北为亚得里亚海）和勒旺（Levantine）海盆（其西北为爱琴海）。地中海中的大岛屿有马霍卡（Majorca）岛、科西嘉岛、萨丁尼亚岛、西西里岛、克里特岛、塞浦路斯岛和罗得岛。海域中的南欧三大半岛及西西里岛、撒丁岛、科西嘉岛等岛屿，将地中海分成若干个小海区：利古利亚海、第勒尼安海、亚得里

亚海、伊奥尼亚海、爱琴海等。地中海海底起伏不平，海岭和海盆交错分布，以亚平宁半岛、西西里岛到非洲突尼斯一线为界，把地中海分为东、西两部分。东地中海要比西地中海大得多，海底地形崎岖不平，深浅悬殊，最浅处只有几十米（如亚得里亚海北部），最深处可达 4000 米以上（如爱奥尼亚海）。有的地方，一条航行着的船只，船头与船尾之间，水深相差竟有四五百米之多。

地中海气候冬季温和多雨，夏季干燥炎热。除其南岸的突尼西亚东部以外，气流经过山脉间隙进入地中海。北非沿岸大部分年降雨量很少超过 250 毫米，而在克罗埃西亚崎岖的达尔马提亚（Dalmatia）海岸，有些地区年降雨量为 2500 毫米。

尽管有诸多的河流注入地中海，如尼罗河、罗纳河、埃布罗河等，但由于它处在副热带，蒸发量太大，远远超过了河水和雨水的补给，使地中海的水收入不如支出多，由于海水温差的作用和与大西洋海水所含盐度的不同，使地中海和大西洋的海水可发生有规律的交换。含盐分较低的大西洋海水，从直布罗陀海峡表层流入地中海，增补被蒸发去的水源，含盐分高的地中海海水下沉，从直布罗陀海峡下层流入大西洋，形成了海水的环流，每秒钟多达 7000 立方米。要是没有大西洋源源不断地供水，大约在 300 年后，地中海就会干枯，变成一个巨大的咸凹坑。

北 冰 洋

北冰洋位于世界的最北部，北美洲和欧亚大陆的大片陆地将它团团包围，是世界四大洋中的最小海洋，仅相当于太平洋面积的 1/4，称得上是唯一可以步行通过的大洋，至少在冬季是这样。冰盖的平均厚度有 3 米，这样就在北美洲和欧洲之间形成了一座坚固的海上"桥梁"。其英文名 Arctic 源于希腊文"北方的"，也有极寒冷的意思。我国过去有人称它为"北冰海"。

众所周知，北冰洋与南极大陆分别位于地球的两端，一个是世界上最小的洋，一个是被巨厚冰层覆盖的冰雪大陆，看上去似乎是毫不相干。可是，当我们仔细审视北冰洋和南极大陆的地形特征时，将会发现一个饶有趣味的自然之谜——因为在它们之间竟然有着非常微妙的联系。

令人惊异的是，北冰洋和南极洲有着非常相似的面积和形态。北冰洋的面积为1310万平方千米，南极洲则为1400万平方千米，两者相差无几。如果将现今的北极点和南极点重叠在一起，并将南极洲旋转75°以后叠置于北极地区之上，人们就会看到，偌大的南极洲正好嵌在北冰洋中，而且狭长的南极半岛的弧形尾部，正好落在北冰洋的挪威海与格陵兰海之间。更有趣的是，北冰洋的深度与南极洲的海拔高度之间也有一定的联系。北冰洋有深达4000多米的南森海盆和欧亚海盆，南极洲恰好也有高达4000多米的山峦与之相对应；北冰洋的最深点在南森海盆的得特克海沟内，水深5449米，而南极洲的最高点位于玛丽伯德地的文森山峰，海拔5140米。所有这一切都似乎表明了南极洲就像是从北冰洋里挖出来的一般。

这也许并不是一般的偶然现象。在地球仪上，只要你细心观察，就会看到类似的一个现象：地球仪上任何一个大陆与之相对的相反侧（以地心为中心），几乎全是海洋。做个简单的实验，把你的右手压在地球仪的任何一个大陆上面，然后将左手压在与之相对的地球仪的相反侧，你会发现你的左手压住的地方全是海洋。我们看到南极大陆的背后是北冰洋，非洲大陆的背后是中太平洋，欧亚大陆的背后是南太平洋，北美洲大陆的背后是印度洋，南美洲大陆的背后是西太平洋，澳大利亚大陆的背后则是大西洋。

这些有趣的现象是巧合呢，还是有什么内在的联系？目前人们还搞不清楚。有人提出了一种"地球四面体"的假说，来解释这种海洋和大陆的奇怪现象。他们找了一个充满气体的软皮球当做假想地球，然后将皮球中的空气放掉，使皮球逐渐变扁。结果皮球的表面在扁缩之后产生了凹陷，他们把这种凹陷称为四面体凹陷。这四面体的4个面就好比是太平洋、印度洋、北冰洋和大西洋，而4个面的交点而成的4个顶点则好比欧亚大陆、非洲大陆、美洲大陆和南极、澳大利亚大陆。不过这种假说只是从地球表面现象的简单推测而来，所以它们现在还是假说。

假说一般看来都很离奇，但正是在这离奇之中也许闪烁着真理的光辉。几年前有人提出了全球大陆的发源地在北冰洋。也就是说陆地是从大洋中溢出并

蔓延到地球的其他位置的。这个"古怪"假说的主人是我国一位年轻的地质学者。

这位年轻学者通过研究发现，陆壳上的主要地质构造多呈弧形，而在典型的洋壳上则几乎不存在弧形构造。他还发现陆壳上所有弧形构造都不是孤立存在的，它们分属于两大系统：一个是弧顶向南凸出的向南弧形构造系统，另一个是弧顶指向太平洋中心的向洋弧形构造系统。

地球表面原来就没有海洋和陆地，后来在一定条件下，地球内部的熔融物质，从现在的北冰洋这个"窗口"中源源不断涌出来，按一定方式沿原始地表自北向南滚滚而去，并逐渐固结为最初的大陆地壳。据他推测，当时的大陆可能是连成一体的，而且面积没有现在这么大；陆地面积越小，它就更靠近北极地区，沿北极周围呈星星状分布，而且越靠近北极，越明显地显出倒三角形的形状，分布在大洋水体上。这不正是地球内部物质由北极而出向南流动的痕迹吗？唯一例外的南极洲则是已经到达终点的陆块。

随着大陆在原始地表上的出现，打破了原来地球上的平衡状态。此时地球内部有大量的岩浆喷出，足以引起太平洋原来地区的大规模陷落，首先导致了太平洋的产生。同时还导致原来太平洋的大陆向陷落中心倾斜，从而发生涌向太平洋中心的波浪运动，最终形成向洋弧形的构造系统。这样就使得原始大陆大幅度解体，进一步引起那些未被陆壳覆盖的原始地表的破裂。我们目前看到的岩浆物质沿破裂带上升，则与大洋中脊及一系列转换断层的形成有关。

阿尔卑斯山脉冰川

南阿尔卑斯山脉沿新西兰岛西侧形成一道高山屏障。最高点库克山，海拔3764米，是新西兰的最高峰。从峰顶向西通过海岸带到太平洋只有32千米，向东地势缓慢下降，越过坎特伯雷平原到海岸的距离为129千米。从塔斯曼海刮来的西风富含水气，湿润气流逆山而上，沿途普降大雪，补给冰川——最著名的三大冰川为塔斯曼冰川、福克斯冰川和法兰士约瑟夫冰川。山脉西坡的冰川短而陡峻，像冰冻的瀑布翻滚而下，直达浓密的亚热带常绿雨林。冰川与雨林并存真是旷世奇观，两种反差极大的气候如此紧密相连的特色确实难得一见。世界上其他任何地方，两者都是各有自己的伙伴，而不相混杂。山脉东坡，冰川的特征就大不一样。冰川上游陡峭而崎岖，形成冰裂隙网络的格局，旅行十分困难。往下，冰川流向低海拔地区，塔斯曼冰川几乎远达中部平原。

福克斯和法兰士约瑟夫冰川向西流，虽然近年来两者都在退缩，但后者仍长达11千米。两者都位于韦斯特兰国家公园内，相距仅24千米。国家公园面积为87.187公顷，包括高峰、雪场、冰川、森林、河流和湖泊。马锡逊湖拥有倒映在平静湖水中的三大主峰——库克峰、塔斯曼峰和拉佩鲁兹峰的著名景色。

能见到从库克峰流淌下来的塔斯曼冰川被描绘成至高无上的荣耀，并成为令人难忘的美景。塔斯曼冰川形成一条27千米长的狭窄冰舌，在有些地方拓宽至3千米宽，总面积为52平方千米。有些地方冰川厚达610米，是新西兰最大的冰川。这也是一条十分活跃的冰川，流速每天达51～64厘米。尽管冰川的流速较高，但它仍在逐渐退缩；冰川仅高出海平面762米，该地气温较高，融化和蒸发的速度大于其流速。

像许多其他大陆一样，随着时间的推移，新西兰也经历了气候变迁。除了整个地球气候的自然变化外，在板块构造或大陆漂移的影响下，陆地不断地移动，并改变着纬度位置。5亿多年前，新西兰是古老的冈瓦纳泛大陆的一部分。

新西兰处于澳大利亚、塔斯马尼亚和南极洲之间的东缘，当时大约位于北纬3度。在以后的2.5亿年间，冈瓦纳古陆向南漂移，澳大利亚与新西兰直抵南极附近，并经历了广泛的冰川作用。紧接着的1.2亿多年，冈瓦纳古陆持续移动，使新西兰重又向北移动到暖温带或亚热带地区，冰盖消失。大约就在此时，冈瓦纳古陆开始分裂成几个我们今天熟知的大陆，但是新西兰先向南漂移，仍然依附于南极大陆。

大约8000万年前，塔斯曼海开始在澳大利亚和新西兰之间扩张。大约在2000万年后，扩张停止，先是澳大利亚，随后是新西兰，开始和南极大陆分离。当新西兰北移时，南极大陆向南移动至目前的位置。在最后一次冰期时，新西兰再次被冰川覆盖，直到大约一万年前，地球再次变暖。今天，新西兰冰川不断退缩，现代全球气候变暖的长期影响也可能使其完全融化。

爱 琴 海

爱琴海是地中海的一部分，位于希腊半岛和小亚细亚半岛之间，南北长610千米，东西宽300千米。爱琴海的东北部经达达尼尔海峡与马尔马拉海相连。

关于爱琴海名称的起源有各种解释：源于古爱琴城；源于一位名叫爱琴的亚马孙女王，她葬身于海中；源于忒修斯王子的父王爱琴斯，他误以为忒修斯死了，心碎地跳海自尽。

爱琴海是克里特岛的米诺斯文明和伯罗奔尼撒半岛的迈锡尼文明的发祥地，之后又出现了以雅典和斯巴达等城邦为代表的希腊文明。爱琴海后来又陆续成为波斯帝国、罗马帝国、拜占庭帝国、威尼斯共和国、塞尔柱突厥帝国、奥托曼帝国的领海。爱琴海是民主的发源地，也是地中海东部各种文明进行接触和交流的地方。

爱琴海海岸线非常曲折，港湾众多，共有 2500 个左右的岛屿。爱琴海的岛屿可以划分为七个群岛：色雷斯海群岛，东爱琴群岛，北部的斯波拉提群岛，基克拉泽斯群岛，萨罗尼克群岛（又称阿尔戈—萨罗尼克群岛），多德卡尼斯群岛和克里特岛。爱琴海的很多岛屿或岛链实际上是陆地上山脉的延伸。一条岛链延伸到了希奥岛，另一条经埃维厄岛延伸至萨摩斯岛，还有一条从伯罗奔尼撒半岛经克里特岛至罗德岛，正是这条岛链将爱琴海和地中海分开。许多岛屿具有良港，不过在古代，航行于爱琴海并不是很安全。许多岛屿是火山岛，有大理石和铁矿。克里特岛是海中最大的一个岛屿，面积 8000 多平方千米，东西狭长，是爱琴海南部的屏障。克里特岛上有大面积的肥沃耕地，但是其他岛屿就比较贫瘠了。爱琴海岛屿的大部分属于西岸的希腊，一小部分属于东岸的土耳其。爱琴海是地中海东部的一个大海湾，位于地中海东北部、希腊（Greece）和土耳其之间，也就是位于希腊半岛和小亚细亚半岛之间。爱琴海是世界上岛屿最多的海，所以爱琴海又有"多岛海"之称。南通地中海，东北经过达达尼尔海峡、马尔马拉海、博斯普鲁斯海峡通黑海，南至克里特岛。

在气候类型方面：爱琴海属地中海气候，冬季温和多雨，夏季炎热干燥、蒸发旺盛。盛行北风，但每年 9 月到次年 5 月有时刮温和的西南风。

地质地貌：爱琴海海域中岛屿众多、星罗棋布。海岸线曲折，有无数海湾、港口和避风小港。处于亚欧板块与非洲板块积压碰撞的地带，为地壳不稳定区，多火山、地震。

重要数据：长 611 千米，宽 299 千米，面积 21.4 万平方千米，平均深度 570 米，最深处在克里特岛东面，达 3543 米。

盐度洋流：因蒸发大于降水，海水盐度较高，为 36‰~39‰，高于马尔马拉海和黑海，因而引起黑海中较淡的海水从表层通过海峡流入爱琴海，而爱琴海中盐度较大海水通过海峡下层流向黑海的海水交换形式。希腊半岛与埃维亚岛之间的海潮以凶猛多变闻名于世。表层海水夏温达 24℃，冬温达 10℃。在 490 米深处，温度波动在 14~18℃。从黑海流向爱琴海东北的大量低温水流，对爱琴海的水温产生一定影响。黑海水流含盐量少，降低爱琴海海水的咸度。

资源：海中缺少营养物，故而生物稀少。但海水清澈平静，温度很高，因之有大量鱼群从其他地区游来产卵。大部分岛屿多岩石，十分贫瘠。北部岛屿一般比南部岛屿树木繁茂。萨索斯岛附近有石油蕴藏。

战略地位：是黑海沿岸国家通往地中海以及大西洋、印度洋的必经水域，在航运和战略上具有重要地位。沿海主要港口有萨洛尼卡、比雷埃夫斯（希腊）和伊兹密尔（土耳其）。

世界之最：以上已经提过爱琴海是世界上岛屿最多的海。爱琴海的岛屿大部分属于西岸的希腊，小部分属于东岸的土耳其。海中最大的一个岛名叫克里特岛。

威德尔海

威德尔海（Weddell Sea）是大西洋最南端的属海，深入南极大陆海岸，形成凹入的大海湾。中心点地理坐标大致为南纬 73°，西经 45°。南临南极半岛，东为科茨地，最南是广阔的菲尔希纳（Filchner）和龙尼（Ronne）冰棚前方的冰障。海域经常被厚冰覆盖，在初夏时节，中西部的海冰向北漂流，几乎到达南纬 60°。英国探险家和猎海豹者詹姆斯·威德尔（James Weddell）于 1823 年 2 月 20 日乘"珍妮号"帆船，从南奥克尼群岛出发，向东南方向航行，最远到达南纬 74°15′，西经 34°17′。1900 年以发现者威德尔的名字命名该海域。

1956～1958 年"国际地球物理年"期间，美国、阿根廷、英国等国在其南部、东南部海岸建立一系列科学观测基地。威德尔海的南部大陆棚，宽约 480 千米。大陆棚与大陆坡交界处，海深约 500 米。海域属极地气候，动物有企鹅、威德尔氏海豹、海燕等。全世界的大洋底部冷水有一半以上源出南极海域，其中大部分即产生于威德尔海。表层海流以顺时针方向运动，沿科茨地向西南流，再沿南极半岛北流，最后与西风漂流汇合。

魔海威德尔海的魔力首先在于它流冰的巨大威力。南极的夏天，在威德尔海北部，经常有大片大片的流冰群，这些流冰群像一座白色的城墙，首尾相接，连成一片，有时中间还漂浮着几座冰山。有的冰山高一两百米，方圆二三百平方千米，就像一个大冰原。这些流冰和冰山相互撞击、挤压，发出一阵阵惊天动地的隆隆响声，使人胆战心惊。船只在流冰群的缝隙中航行异常危险，说不定什么时候就会被流冰挤撞损坏或者驶入"死胡同"，使航船永远留在这南极的冰海之中。1914 年，英国的探险船"英迪兰斯"号就被威德尔海的流冰所吞噬。

在威德尔的冰海中航行，风向对船只的安全至关重要。在刮南风时，流冰群向北散开，这时在流冰群之中就会出现一道道缝隙，船只就可以在缝隙中航行，如果一刮北风，流冰就会挤到一起把船只包围，这时船只即使不会被流冰撞沉，也无法离开这茫茫的冰海，至少要在威德尔海的大冰原中待上一年，直至第二年夏季到来时，才有可能冲出威德尔海而脱险。但是这种可能性是极小的，由于一年中食物和燃料有限，特别是威德尔海冬季暴风雪的肆虐，使绝大部分陷入困境的船只难以离开威德尔这个魔海，它们将永远"长眠"在南极的冰海之中。所以，在威德尔及南极其他海域，一直流传着"南风行船乐悠悠，一变北风逃外洋"的说法。直到今天，各国探险家们还恪守着这一信条，足见威德尔海的神威魔力。

在威德尔海，不仅流冰和狂风对人施加淫威，而且鲸群对探险家们也是一大威胁。夏季，在威德尔海碧蓝的海水中，鲸鱼成群结队，它们时常在流冰的

缝隙中喷水嬉戏，别看它们悠闲自得，其实凶猛异常。特别是逆戟鲸，是一种能吞食冰面任何动物的可怕鲸鱼，有名的海上"屠夫"。当它发现冰面上有人或海豹等动物时，会突然从海中冲破冰面，伸出头来一口吞食掉。以那细长的尖嘴，贪婪地吞噬海豹和企鹅，其凶猛程度，令人毛骨悚然。正是逆戟鲸的存在，使得被困威德尔海的人难以生还。

绚丽多姿的极光和变化莫测的海市蜃楼，是威德尔海的又一魔力。船只在威德尔海中航行，就好像在梦幻的世界里飘游，它那瞬息万变的自然奇观，既使人感到神秘莫测，又令人魂惊胆丧。有时船只正在流冰缝隙中航行，突然流冰群周围出现陡峭的冰壁，好像船只被冰壁所围，挡住了去路，似乎陷入了绝境，使人惊慌失措。霎时，这冰壁又消失得无影无踪，使船只转危为安。有的时候船只明明在水中航行，突然间好像开到冰山顶上，顿时，把船员们吓得一个个魂飞九霄。还有当晚霞映红海面的时候，眼前出现了金色的冰山，倒映在海面上，好像向船只砸来，给人带来一场虚惊。在威德尔海航行，大自然不时向人们显示它的魔力，戏弄着人们，使人始终处在惊恐不安之中。经查实，才知是大自然演出的一场闹剧。正是这一场场闹剧，不知将多少船只引入歧途，有的竟为躲避虚幻的冰山而与真正的冰山相撞，有的受虚景迷惑而陷入流冰包围的绝境之中。

威德尔海是一个冰冷的海，可怕的海，神奇莫测的海，也是世界上又一个变幻万千的魔海。

现代冰川

现代冰川有很多独特的景观，如冰蘑菇、冰塔林、冰桥、冰针、冰芽，还有迷人的冰川湖泊，阴森可怕的冰隧道，绚丽壮观的冰水喷泉和幽胜迷人的冰洞。它们到底是怎么形成的呢？

我国是世界上山岳冰川发育最多的国家。青藏高原地区分布最为集中，面积达 34 000 多平方千米，约占我国冰川总面积的 80%。青藏高原的冰川可分为两大类，以丁青—嘉黎—工布江达—措美为界，东侧属海洋性冰川，西侧属大陆性冰川。海洋性冰川靠丰富的降水而存在，冰川运动速度快，冰川进退幅度大。而大陆性冰川主要依赖于低温而存在，冰川运动速度缓慢。

珠峰地区纬度低，太阳辐射强。冰川表面局部的小气候差异，造成冰面差别消融，形成许多奇丽的景色。其中，冰蘑菇是大石块被细细的冰柱所支撑，有的可高达五米。冰桥像条晶莹的纽带，连接着两个陡坎。冰墙陡峭直立，像座巨大的屏风，让人生畏。冰芽、冰针则作为奇异美景的点缀，处处可见。最令人迷惑的还要数那千姿百态的冰塔林了。珠峰北坡绒布冰川上，发育有 5.5 千米长的冰塔林带。乳白色的冰塔拔地而起，一座连一座，高达几十米。有的像威严的金字塔；有的像肃穆的古刹钟楼；有的像锋利的宝剑，直刺云天；有的像温顺的长颈鹿在安详漫步，个个晶莹夺目。难怪人们都说，进入冰塔林，就把自己置身于上苍的仙境了。

在冰川发育的地区，多姿的冰川湖泊景色更是迷人。有在冰川表面如蜂窝状的冰杯群；有呈长条状的冰面湖；有冰川末端的终碛堰塞湖。冰川湖泊的颜色也不尽相同，有乳白色的，有蔚蓝色的，也有褐黄色的。随着气候的冷暖变化，冰川湖不时地打扮着自己，或大或小，或是碧水粼粼的湖面，或是明镜般的冰层。民间传说，冰川湖的水是圣洁的，仙女在冰川湖里洗澡，天马在冰川湖里饮水。在一些大的冰川湖里，还有着丰富的渔产资源，这些鱼也被藏民尊为"圣鱼"。

除上述冰川类型外，青藏高原上还有冰帽和平顶冰川。这种冰川像个盖子，覆于平顶山或冰碛平台上，其面积有大有小。祁连山脉特贴拉山的果青古尔班冰川，面积达 55 平方千米，是我国目前已知的最大平顶冰川。

高原地区的冰川主要分布于西昆仑和西喀喇昆仑山区、喜马拉雅山区、横

111

断山区、祁连山区等地。西昆仑、西喀喇昆仑山区的冰川最多，规模最大。世界第二高峰乔戈里峰北侧的音苏盖堤冰川长约 42 千米，为我国目前已知的最大冰川。在喜马拉雅山区的南北坡发育着两种不同性质的冰川，南坡为海洋性冰川，现代雪线高度低达海拔 4500 米，冰舌末端可伸至海拔 3 千米；北坡的冰川属大陆性，雪线最高达海拔 6 千米，冰舌末端可伸至海拔 5100 米。横断山区、念青唐古拉山和喜马拉雅山东段是海洋性冰川发育最集中的地区，冰川分布的最南界为北纬 27°。另外，在祁连山地和唐古拉山地也有较大面积的冰川。

珠穆朗玛峰地区悬冰川最多，其规模较小，面积一般不超过一平方千米，冰的厚度为一二十米。顾名思义，这种冰川的特征是冰川的末端悬挂在陡坡上。远远望去，成排的悬冰川就像一块块白色的盾牌挂在陡峭的山坡上。悬冰川一般是在古冰川残留地形上发育起来的。古冰期时，支流冰川向主流冰川汇集，由于主、支流冰层厚度、运行速度、冰蚀能力的差异，冰川主谷被强烈下切，支谷不得不悬于山腰上。现在，由于冰川规模缩小，冰川主流得不到足够的供给而退缩或消失，支流冰川仅能依贴于陡坡上，并时常因下端崩落而发生冰崩。

珠峰地区规模较大的冰川就是冰斗冰川，它们分布在山顶附近或分水岭两侧。在风化作用和冰蚀作用下，山地被切割，山岭被削成尖利的角峰、刀脊。角峰刀脊间则为斗状的山坳，像把巨大的座椅，冰川就发育在座椅中。冰斗冰川的形状近于卵圆形，有的近似于三角形，有些冰斗冰川向山谷推进，呈条带状伸展，成为山谷冰川。在冰川集中的地区，往往是几条山谷冰川相连，像条条玉龙盘绕于山间。

在冰雪消融的暖季，冰川表面的河流遇到冰裂隙，就潜入地下变成冰下河流。冰川融水穿凿冰层，塑出深不可测的冰井、冰漏斗，阴森可怕的冰隧道、绚丽壮观的冰水喷泉和幽深迷人的冰洞。冰洞一般出现在冰舌末端，洞口像古城的拱门，它是冰下河流的出水口。在冰雪消融旺盛的季节，洞口水流汹涌，使人难以接近。只有在断流时，人们才能去欣赏那"水晶宫"。这里冰钟乳、冰笋、冰柱比比皆是。冰洞内光怪陆离，有些地方洞中有洞，大小不一；有些地方枝枝杈杈，像个迷阵；有些地方深不可测，无尽无穷。

冰川是重要的淡水资源。高原地区冰川的冰储量约 1800 立方千米，是巨大的固体水库。高原上的冰川融水是大江大河湖泊的重要补给水源。我国西北干旱区的河西走廊就是利用祁连山的冰川融水浇灌农田的。

马尾藻海

马尾藻海又称萨加索（葡语葡萄果的意思）海，是大西洋中一个没有岸的海，大致在北纬20°~35°、西经35°~70°，覆盖500~600万平方千米的水域。1492年，哥伦布横渡大西洋经过这片海域时，船队发现前方视野中出现大片生机勃勃的绿色，他们惊喜地认为陆地近在咫尺了，可是当船队驶近时，才发现"绿色"原来是水中茂密生长的马尾藻。马尾藻海围绕着百慕大群岛，与大陆毫无瓜葛，所以它名虽为"海"，但实际上并不是严格意义上的海，只能说是大西洋中一个特殊的水域。

马尾藻海上大量漂浮的植物马尾藻属于褐藻门、马尾藻科，是最大型的藻类，是唯一能在开阔水域上自主生长的藻类。这种植物并不生长在海岸岩石及附近地区，而是以大"木筏"的形式漂浮在大洋中，直接在海水中摄取养分，并通过分裂成片、再继续以独立生长的方式蔓延开来。据调查，这一海域中共有八种马尾藻，其中有两种数量占绝对优势。以马尾藻为主，以及几十种以海藻为宿主的水生生物又形成了独特的马尾藻生物群落。马尾藻海的海水盐度和温度比较高，原因是远离大陆而且多处于副热带高气压带之下，少雨而蒸发强；水温偏高则是因为暖海流的影响，著名的湾流经马尾藻海北部向东推进，北赤道暖流则经马尾藻海南部向西部流去；上述海流的运动又使得马尾藻海水流缓慢地作顺时针方向转动。马尾藻海以一股顺时针方向转动的暖流

为界，该暖流亦称湾流，起自佛罗里达海峡。在其紧靠北美东海岸的流程中，建立起涡旋环流，这就是形成马尾藻海区的一种环流。剩余的湾流作为北大西洋暖流的组成部分，继续横越北大西洋，在其最终消失于北冰洋海流中之前，紧靠不列颠群岛西侧流过。

马尾藻海是一个奇特的地方，几乎风平浪静的条件与清澄的暖水相结合。为马尾藻植物维持了一种漂浮的生态环境，通过无数的小气囊使马尾藻浮在水面。这种海藻提供了一个与潮间带更相似的环境，而不像在大洋的中部，马尾藻海供养了一系列动物，有些还是该区的特有种。

当马尾藻海因其浮游生态环境而声名鹊起时，正是更为闻名的欧洲鳗鱼的一次不寻常的旅游的开始和结束。马尾藻海是鳗鱼的产卵区域，鳗鱼的生命循环是如此令人惊奇，以致在 20 世纪早期以前无人能理解。

在正常情况下，成年鳗栖居在欧洲的淡水河流和湖泊中，它们可以在那里逗留好几年，觅食、生长、储积脂肪。当雄鳗鱼长至 41 厘米长、雌鳗鱼长 61 厘米长以后，秋季产卵的强烈欲望就会来临。它们的外表开始改变，颜色由黄变黑，眼睛也会增大。它们在夜间开始沿大小河流向下游动。返回大海的欲望是如此强烈，以致万一它们找不到一条由水塘直接通向大海的道路，它们将从水中挣扎出来，穿过潮湿的草地，寻找一条可将其带到咸水中去的河流。一旦

到达大海，鳗鱼大致沿着西南方向，在 60 米深处游动，直至到达大陆架的边缘，潜入 427 米左右深处。游程约花 80 天，距离约 5630 千米。当其到达马尾藻海时，它们潜入 1220 米左右的深处产卵，然后死亡。

卵孵化成纤小、透明、叶状的动物，与其双亲很不相像，直至 19 世纪末，人们仍弄不明白两者之间的连接关系。这些学名为叶鳗的幼鱼从海底浮升至 213 米左右的深处，赶上湾流的水流，被向东运移。这一返程旅游约花两年半时间。当其接近欧洲海岸时，它们开始变得像成年鳗，尽管此时它们仍然是透明的。有些鳗鱼

游过直布罗陀海峡，进入地中海，甚至继续游到里海。另一些鳗鱼游经欧洲北岸，进入西欧的许多河口，更有甚者，游过卡特加特海峡，进入波罗的海。只有在其到达淡水几个月后，它们才真正开始觅食，颜色也变成常见的不透明的黄色。几年以后，强烈的欲望又导致这些动物，踏上其最后的、令人惊异的航程，在马尾藻海的深处，产下第二代的卵。

马尾藻海最明显的特征是透明度大，是世界上公认的最清澈的海。一般来说，热带海域的海水透明度较高，达 50 米，而马尾藻海的透明度达 66 米，世界上再也没有一处海洋有如此之高的透明度。所谓海水透明度，是指用直径为 30 厘米的白色圆板，在阳光不能直接照射的地方垂直沉入水中，直至看不见的深度。

但是，在航海家们眼中，马尾藻海是海上荒漠和船只坟墓。在这片空旷而死寂的海域，几乎捕捞不到任何可以食用的鱼类，海龟和偶尔出现的鲸鱼似乎是唯一的生命，此外就是那些单细胞的水藻。在众口流传的故事中，马尾藻海被形容为一个巨大的陷阱，经过的船只会被带有魔力的海藻捕获，陷在海藻群中不得而出，最终只剩下水手的累累白骨和船只的残骸。而百慕大三角作为这一海域上最著名的神秘地带，则将这些传说推向了极致。

在海洋学家和气象学家的共同努力下，马尾藻海"诡异的宁静"和船只莫名被困的原因被找出来了。原来，这块面积达 300 万平方千米的椭圆形海域正处于四个大洋流的包围中。西面的湾流、北面的北大西洋暖流、东面的加纳利寒流和南面的北赤道暖流相互作用，使马尾藻海以顺时针方向缓慢流动，这就是这里异乎寻常"平静"的原因。正是因为这种原因，才会使古老的依赖风和

洋流助动的船只在这片海域踟蹰不前。由此，马尾藻海盐分偏高、海水温暖、浮游生物众多的问题，也都纷纷迎刃而解。虽然马尾藻海中的海藻被证实了并非是阻挡船只前进并吞噬海员的魔藻，但笼罩在它头上的神秘光晕却并未因此而消失。

世界上的海大多是大洋的边缘部分，都与大陆或其他陆地毗连。然而，北大西洋中部的马尾藻海却是一个"洋中之海"，它的西边与北美大陆隔着宽阔的海域。其他三面都是广阔的洋面。所以它是世界上唯一没有海岸的海，因此也没有明确的海沟划分界线。马尾藻海的位置大致介于北纬20°~35°、西经30°~75°，面积约有几百万平方千米，由墨西哥暖流、北赤道暖流和加那利寒流围绕而成。

在马尾藻海的海面上，布满了绿色的无根水草——马尾藻，仿佛是一派草原风光。在海风和洋流的带动下，漂浮着的马尾藻犹如一条巨大的橄榄色地毯，一直向远处伸展。除此之外，这里还是一个终年无风区。在蒸汽机发明以前，船只只得凭风而行。那个时候如果有船只贸然闯入这片海区，就会因缺乏航行动力而被活活困死。所以自古以来，马尾藻海被看作是一个可怕的"魔海"。1492年8月3日早晨，意大利航海家哥伦布率领的一支船队，就在那里被马尾藻包围了。他们在马尾藻海上航行了整整三个星期，才摆脱了危险。

马尾藻海远离江河河口，浮游生物很少，海水碧青湛蓝，透明度深达66.5米，个别海区可达72米。因此，马尾藻又是世界上海水透明度最高的海。

马尾藻海中生活着许多独特的鱼类，如飞鱼、旗鱼、马林鱼、马尾藻鱼等。它们大多以海藻为宿主，善于伪装变色，打扮得同海藻相似。最奇特的要算马尾藻鱼了。它的色泽同马尾藻一样，眼睛也能变色，遇到"敌人"，能吞下大量海水，把身躯鼓得大大的，使"敌人"不敢轻易碰它。

海岸岛屿大观

很多诡异的事件都是发生在海岸岛屿上，所以这些地方在人们的印象中往往是神奇的。那么，在海岸与岛屿中，有哪些令人惊叹的奇观呢？让我们拭目以待吧。

太阳海岸

西班牙的海岸沿线有长达 1930 多千米的海滩，这些海滩的差异是十分惊人的：有的与森林相伴，有的布满沙丘，有的则隐蔽在小海湾内。

西班牙现有 120 个海滩，是欧洲一流的海滩。其中，太阳海岸位于西班牙南部安达卢西亚地区的大西洋之滨，是世界上最著名的海滨沙滩之一，也是西班牙四大旅游区之一。全长 250 千米，沿岸联结着 99 个中小城镇，许多原来人烟稀少的沿海村庄现在都已建成为现代化旅游点。这里气候温和，阳光充足，全年日照 300 多天，故称"太阳海岸"。夏天最高温度为 32～35℃，冬季最低温度则为 14～16℃，因此，当避暑者刚刚离去，避寒的游客又接踵而来。

整个太阳海岸全部海滩和暖融融的水域，只有少有的几处稍稍被岩石峭壁隔断。一幢幢小型别墅、旅馆，布满面海的山坡，建筑造型别致，有多角形、塔形、圆柱形、古堡形、梯形、茅舍形和扇形，刻意求新，不拘泥于一种形式。在设计上，使游客能充分享受太阳海岸的阳光，又注意同当地环境与景色相协调。为招徕游客，沿岸城镇力求突出特色：有现代化的旅游城，有保持传统风貌的地区，有外观体现阿拉伯建筑风格的村镇，有拥有各式游艇的游艇港。各城镇旅馆林立，餐厅遍布，舞厅、画廊、商店比比皆是。这里的旅游业被当地居民称之为"向全世界出口阳光和海滩"的行业。

加那利群岛是大西洋中靠近非洲西部海岸的一个群岛，由大加那利岛、特内里费岛、兰萨罗特岛、拉帕尔马岛、富埃特文图拉岛、耶罗岛、戈梅拉岛等 7 个主岛和其他小岛组成。加那利群岛是一个环境清洁的海滩乐园，这里的许多海滩上分布着大量的沙丘和棕榈树，还有些小海滩则隐藏于岩石峭壁之间。该群岛具有小城镇的特色，当地人的生活主要靠种田、打鱼、制作工艺品和发展旅游业来维持。大加那利岛是加那利群岛中最具魅力的旅游胜地，在这里，旅游者除了可以在阳光下尽情娱乐外，选购物品则是最大的一项活动。而拉帕尔马岛则深受喜欢独自度假旅行的欧洲人的喜爱。巴利阿里群岛位于巴塞罗那市东南约 140 千米的地中海中，主要由 4 个大岛组成。这 4 个主要的海岛是马略卡岛、梅诺卡岛、福门特拉岛和伊维萨岛。马略卡岛意思是"较大的岛"，这里的海滩是当今欧洲最吸引旅游者的海滩之一。但其姊妹岛——梅诺卡岛（意思是"较小的岛"）却要寂寞得多。伊维萨岛所具有的魅力与马略卡岛不相上下，岛上设置有大量的旅游和海滩设施，但福门特拉岛却人烟稀少，显得偏僻幽静。

黄金海岸

澳大利亚黄金海岸位于澳大利亚的东部沿海，有一处绵延 42 千米、由数十个美丽沙滩组成的度假胜地，它就是著名的昆士兰黄金海岸。

"黄金海岸"属亚热带季风气候，终年阳光普照，空气湿润，一年四季都适宜旅游，但最好的时间就在每年的 12 月到次年的 2 月，那时正是澳洲的夏季，非常适合潜水。在十几年前这还是一个很少人知道的地方，直到有一天有一位很精明的商人到这个地方开了一家旅馆，并命名为冲浪者天堂，渐渐地吸引了世界各地的游客慕名而来。

黄金海岸位于布里斯班以南 78 千米处，乘车一个半小时便可到达。布里斯班市内有公共汽车可以到达黄金海岸，此外也有火车可以到达，当然，也可以自己驾车过去，甚至是乘飞机前往。它北起 South Port，南至 Currumbin，这里除了景色宜人之外，最具特色的就是分布着众多富有趣味的主题乐园，比较有名的有华纳兄弟电影世界、海洋世界及梦幻世界等。

在黄金海岸冲浪也是一项对游人极具吸引力的水上活动，此外你还可以到天堂农庄去体验澳洲最原始的生活方式，在户外喝着茶欣赏当地人剪羊毛的表演，与牧羊犬赶羊，品尝茶。作为一个开发完善的风景区，黄金海岸的食、宿、行、游、购、娱设施较为齐备，各类游客在那里都可以得到不同的满足。特别是这里建有一间世界闻名的 6 星级酒店，在晚上若觉得无聊的话可以参加一下

游船河，坐着260多万澳币的游艇欣赏美丽的夜景也是一种享受，澳洲的新鲜海鲜和国宝袋鼠与鸸鹋也能在这品尝到。

黄金海岸是澳大利亚的假日游乐胜地，这里有明媚的阳光、连绵的白色沙滩、湛蓝透明的海水、浪漫的棕榈林，来这里旅游度假的人们更为这里增添了不少生机和动感。黄金海岸的中心就是冲浪者天堂，那里风光明媚，旅游设施完备，你既可以在太平洋中畅游，也可以在沙滩上打排球，或者只是躺在沙滩伞下看看景色，想想心事。来到这里，首先让人感觉到的是：这儿的人是那么开放。当然，这种"开放"与布里斯班、悉尼那种"开放"有着根本区别。另外，这儿还有一种阳光下的透明感。所以，尽管冲浪胜地是澳大利亚有钱人的别墅地，可在这明媚的阳光下，却分不出谁是有钱人，谁是穷人。而且到了海滩上以后，大家都裸露着身体，若是说有什么可比的，那只有年龄。行李安排好了的话，就赶快脱下衣服去海滩吧。在海边，很多男女老少为了感受南半球耀眼的太阳，毫不在乎地展现着自己的肌肤，这时如果你很随便地打个招呼，就能加入到澳大利亚俊男靓女当中，成为他们的一员。

骷髅海岸

"骷髅海岸"是指开普敦以北，纳米比亚西南部分的海岸，长500千米，是世界上最危险、最荒凉的海岸之一。这里经常有多股强弱不等的水流交错汇集，8级以上的狂风肆虐，还有包围整个海崖的浓雾以及深海里参差不齐、起伏不定的暗礁。种种危险因素使来往船只经常失事。19世纪德国人大举入侵纳米比亚，但从未占领骷髅海岸。据说曾有一支德国部队登上骷髅海岸，却因为迷失方向而全军覆灭。有些外国船队也企图从这里登陆，但由于浪高滩险，这些船只大多触礁沉没，人员也葬身鱼腹。

1943年，有人在这个海岸上发现了12具横卧在一起的无头骸骨，附近还有一具儿童骸骨。据考证他们已经死了100多年，然而至今还没有人知道遇难者是谁，也不知道他们为什么会暴尸海岸，又为什么掉了头颅。

要充分探索这片无垠荒凉的沙漠地区，唯一的方法便是跳上一架小飞机，进行一趟独一无二的飞行采风。从空中看下去，地面上只有一大片连绵起伏、不断移动的金色沙丘，沙丘旁边点缀着一些被狂风吹蚀得奇形怪状的岩石，犹如妖怪幽灵从荒凉的地面下钻出来。除此之外，你还会发现许多拖船与邮轮的残破船体绵延散布在海岸上，船旁是恐怖的鲸鱼与人类的白骨遗骸。如果亲自站在海岸上，你会发现大风从海上吹来，一个个沙丘开始向下塌陷，沙粒彼此剧烈摩擦，发出隆隆的呼啸，就像献给那些在沙暴中迷路遇难的冒险家的挽歌。危险、荒凉、神秘的骷髅海岸绵延在古老的纳米布沙漠和大西洋冷水域之间，是世界上唯一的沙漠与海洋相接之地。这里呈现出一种世界罕见的奇观：漫长的海岸线两边，一边是深蓝色的无垠的大海，一边则是淡黄色的无边无际的沙漠。

一般来说，沿海地区属"近水楼台"，空气湿润，雨水充足，而纳米比亚海岸却"近水无雨"，黄沙满地，这是为什么呢？原来，在纳米比亚海域，有一股强大的本格拉寒流经过这里。寒冷的水流使海水蒸发缓慢；蒸发的水汽也因温度较低、比重较大，不易上升，因而这里很难形成降雨。

另外，在骷髅海岸附近入海的奎士布河携带了大量沙子，以强大的威力冲入大西洋。不久，寒冷的强风从海洋上吹来，形成的海浪又把浮沙冲上海岸，在海岸边堆积起巨大的沙丘。就这样，沙粒被不停地在沙滩上冲来冲去，这样的过程持续了千百万年，最终形成了一边是大海一边是沙漠的奇景。

复活节岛

在烟波浩渺的南太平洋上，有一个面积仅 117 平方千米的小岛——复活节岛。复活节岛属于智利瓦尔帕莱索省，为波利尼西亚群岛最东面的一个岛屿，也是地球上最孤独的一个岛屿。这个三角形的小岛距离智利本土西岸约 3700 千米，离太平洋上的其他岛屿也相当遥远，离它最近的有人居住的岛屿是皮特克恩岛，远在西边 2000 千米处。

复活节岛的发现者是英国航海家爱德华·戴维斯，当他在 1686 年第一次登上这个小岛时，发现这里一片荒凉，但有许多巨大的石像竖在这里，戴维斯感到十分惊奇，于是他把这个岛称为"悲惨与奇怪的土地"。1722 年 4 月 5 日，也就是基督教的复活节，荷兰航海家雅可布·洛加文率领载有 114 人的三艘战舰又来到这座小岛。他在海图上画了一个黑点，并在旁边写上"复活节岛"。从此，这座小岛有了自己的名字。

复活节岛是由三座海底火山喷发而形成的一个火山岛，这三座海底火山一座叫特雷瓦卡，在岛的中央；一座叫拉诺卡奥，在岛的西边；一座叫波利克，在岛的东边。至今，整个岛屿还被火山熔岩和火山灰覆盖着。

从理论上讲，火山灰是有利于动植物生长的富饶土壤，但实际上岛上却是一片荒凉。现在的复活节岛上覆盖着一个面积广大的草原，整个岛上没有高于 3 米的树木。生物学家在岛上只发现了 47 种土生土长的高等植物，而且大部分是草本植物、蕨类和矮小的灌木。

巴 厘 岛

在被称为"千岛之国"的印度尼西亚，在南太平洋上翡翠一般的群岛国度中，巴厘岛好似一颗璀璨夺目的明珠散发着瑰丽的光。巴厘岛四季如春，风光烂漫，草木青翠。得天独厚的自然环境孕育出独具特色的民俗艺术，孕育出一个令人神往的世外桃源。

巴厘岛被人称为"艺术之岛""千庙之岛""神仙岛"，岛上居民大都信奉印度巴厘教，祭拜太阳神、水神、火神等，岛上各种庙宇多达上万座，几乎每天都有古老的祭祀和朝拜。

在巴厘岛东北部，一座艺术博物馆内陈列的一些雕塑和工艺品，造型奇特，让人爱不释手。巴厘岛传统的木雕、石雕、绘画等手工艺品几乎随处可见，甚至在庙宇的墙壁、横梁、神龛和石基上，都有各种飞禽走兽、奇花异草等人工浮雕，令人惊叹。但巴厘岛给人印象最深的要数巴厘的舞蹈，相传在印尼舞蹈中，巴厘的舞蹈独树一帜，既有活泼欢快的民间舞蹈，也有庄严肃穆的宗教舞蹈。

私人度假别墅分布在巴厘岛最好的区域，有些坐落在森林河谷之上，大自然的田园风光和人文气息渗透其中。在耳边别一朵红色的扶桑花，将一切琐事远远地抛在脑后，在鸟语花香中恬然睡去，醒来时站在房间外的露台上看别墅前面的私家沙滩，品尝着巴厘岛咖啡和美味的早餐，慵懒地伸个懒腰，跳入波光盈盈的泳池来一个蛙泳，此刻也许就是人生中最惬意的时刻吧。

在午后灿烂的阳光里，坐在花园的遮阳棚下或者游泳池畔，与爱人共享下午茶的悠闲时光，也可以在茅草屋顶的懒人亭里陪友人下棋或者一个人闭目养神，只需要静静地坐着，呼吸着新鲜的空气，体会着前所未有的轻松与惬意。

靡丽的夜色笼罩着巴厘岛，不需要过多的打扮和修饰，拥着爱人漫步在满幕星辰的夜空下，在海边倒映的波光前跳一支优雅的舞，享受着幸福的快乐时光。

弗雷泽岛

澳大利亚东南海岸的弗雷泽岛原名"库雅利"，意思是"天国"，岛上有白色海滩、缓缓潜移的彩色沙丘、热带雨林和丰富的生态系统，景观非常漂亮。

岛上的沙滩和沙丘长 122 千米，宽 25 千米，总面积达 1620 平方千米，是世界上最大的沙岛，也是世界上最古老的沙岛。数百万年前，澳大利亚大陆南方的山脉受风雨剥蚀形成了大量的细岩石屑，狂风把这些细岩石屑刮到海洋中又被洋流带向北面，慢慢沉积在海底。冰河时期海面下降，沉积的岩屑露出海面，经过风的腐蚀和搬运形成大沙丘。植物的种子被风和鸟雀带到岛上，并开始在湿润的沙丘上生长。植物死后形成了一层腐殖质，使较大的植物可以扎根生长，于是沙丘就这样被固定住了。这些沙丘色彩缤纷，非常美丽，据考证是因为沙中所含有的矿物比例不同而形成的。再后来海面回升，洋流又带来更多的沙子，最终形成了浅白色的沙滩。

那么，作为一个沙丘岛屿，怎么能有热带雨林和丰富的生态系统呢？其实这正是这座岛屿的神奇之处。弗雷泽岛虽然全是沙子，但在沉沙表层有丰富的淡水，这是由千百年来雨林的落叶及其他有机物腐烂循环积累下来的水源。水源又重新滋养着植物，纵然沙子是极不稳固的，但大片的雨林植物仍旧顽强地生存了下来。

弗雷泽岛东面的 75 哩海滩是岛上风景最美丽的地方。它之所以得名"75

哩海滩",就是因为它的海滩有75哩（1哩=1609.35米）长。如果你想驾驶四驱车，或者想回归自然，找个地方搭起帐篷与孩子嬉闹，那么，75哩海滩就是你要找的地方。

弗雷泽岛上沙丘之间的低洼地带分布着许多淡水湖，最有代表性的是马凯斯湖。蓝色的湖水层次分明，与纯白色的沙滩构成一幅美丽的图画。令人惊奇的是，有些湖泊居然位于沙丘的峰顶，构成了独特的自然奇观，它们被称为悬湖，有大小40多个。

沙丘悬湖是怎样形成的呢？原来沙丘中长期低洼的地方下面有坚硬的岩石或土壤形成的隔水层，而积存的雨水经过细沙过滤后，留在隔水层之上，久而久之就形成了蔚蓝的湖水，悬在沙丘的峰顶上。

这些淡水湖蕴藏着很多生态宝藏，许多淡水动物，如鱼、乌龟，都安然地在这里栖息。有一些湖很美很大；有一些湖小到像私家的游泳池；有一些湖有漂亮的形状，好像一只蝴蝶；或者不同颜色的两个湖相邻，一个蓝一个绿……所有的湖都清澈见底，湖水为绿色雨林所环绕，美丽得如同仙境。

夏威夷群岛

夏威夷群岛位于北纬19°~29°的北太平洋中，西起库雷岛和中途岛，东至夏威夷本岛，延伸长度2415千米。群岛似乎与环绕太平洋边缘的"火环"中的任何一座火山没有关系。其他大部分火山都与深海沟联系在一起，海沟正处于大洋壳楔入大陆边缘下的地幔中去的地方。这一称为潜没的过程，因大洋壳板

块的沉降产生了摩擦热，这就为海沟以外的火山依次提供热源。

相反，夏威夷群岛正处于地球地幔层的一个热点之上，是一个点状热源。地质学家认为现有 30 多处这样的热点，都与地球内部有着固定的相关性，并具有跨越地质年代的长寿特点。这就意味着处于移动的大洋壳之下的热点，由于大洋壳运行其上而产生一列火山。

这恰恰就是在夏威夷群岛发生的事情。西太平洋的洋壳稳定地向西移动，在热点的生命周期内，洋壳似乎移动了 2414 千米。所有的夏威夷群岛链都是火山岛，最老的火山岛在西端，而最活跃的——因而也是最年轻的——火山岛，就在群岛链东端的夏威夷本岛。

夏威夷是一个 130 千米×153 千米的略具三角形的岛屿。最高点冒纳凯阿火山的山顶海拔 4205 米，当从位于海平面下 5998 米的洋床基底量算时，它就是世界上最高的山脉。冒纳凯阿的高度和位于大洋中部的清澈而未受污染的大气圈一起，使其成为安装数台世界上功率最大的天文望远镜的理想场所。

夏威夷的大多数近代火山活动，均发生在基拉韦亚火山，它是第二高山冒纳罗亚山侧的一个辅助火山口。该火山口离海拔 4170 米的山顶约 32 千米。自 1983 年以来接连不断地爆发。莫库阿韦奥韦奥的火山口深 183 米，占地面积 10.4 平方千米。最著名的喷发特征是壮观的熔岩喷泉，它将红热的熔岩抛向高达 90 米的空中。喷泉偶尔可达 503 米。

离开火山口的熔岩，就像一条温度达 1100～1200℃的玄武岩组成的深红色河流。沿着山丘向下流动。熔岩的流动性很大，流动速度能达到每小时 32 千米以上。熔岩流经之处一切都是燃烧的，道路受阻，当熔岩流入大海时，就在爆炸声中冷却。类似的火山喷发给这个热带天堂中的旅游者带来惊心动魄的刺激。

夏威夷群岛位于太平洋中部，它是波利尼西亚群岛中面积最大的一个二级群岛，共有大小岛屿 30 多个，总面积 16 650 平方千米，其中只有 8 个比较大的岛能住人。

在夏威夷群岛的 8 个主要岛屿中，瓦胡岛面积不是最大的岛，但它各方面条件好，开发得也好，所以成为这个群岛中的佼佼者。夏威夷的首府火奴鲁鲁（檀香山坐落在这个岛上），它是几十万人口的大城市，有港口码头和国际机场。人们说要到夏威夷去，首先到达瓦胡岛的火奴鲁鲁，这里居住着夏威夷群岛 80% 的人口。这里还有世界著名的瓦基基海滨沙滩和美国海军基地珍珠港。

夏威夷群岛都是由地壳断裂处喷发出的岩浆形成的，直至现在，一些岛上的火山口，还经常发生火山喷发活动。如夏威夷岛上的基拉韦厄火山、冒纳罗亚火山，毛伊岛上的哈里阿卡拉火山，都是经常喷发的现代活火山。

由于都是火山岛，夏威夷群岛各个岛屿，都是地势起伏的纵横山地、丘陵，平原很少。这也形成了夏威夷群岛美丽独特的自然景色。

虽然夏威夷群岛位于热带太平洋上，但气温并不很高，也不太潮湿，一年四季气温都在 14 ~ 32℃，变化很小，很适宜人们的生活。如果居住在山区，气温更加凉爽宜人。

夏威夷群岛雨水充沛，许多丘陵和山地，都被浓密的森林和草地覆盖着，显现出自然景色的优美。同时，夏威夷群岛还有自己的岛花——红色的芙蓉花。在夏威夷各岛上，一年四季都可以看到盛开的鲜花。

由于各种植物和花卉生长繁茂，夏威夷群岛的昆虫也是最多的。仅蝴蝶就有万种以上，而且有些品种是这个群岛上特有的。有一种蝴蝶叫"绿色人面兽身蝶"是一种世界上少见的大蝴蝶，它的翅膀展开时长达 10 厘米。所以，许多昆虫爱好者和研究人员，都要到这个岛上来研究和采集蝴蝶标本。

夏威夷群岛的海滨也非常美丽，那里有广阔的海滨和深蓝色的海洋，是供人们游泳、冲浪和各种水上活动的好地方，瓦基基海滩是世界上最著名的海滩。在海边的林阴道旁，生长着许多椰子树，更显示出热带海岛风情。

夏威夷岛上的冒纳罗亚活火山上，还有夏威夷国家火山公园。这个火山公园自冒纳罗亚山顶的火山口，一直延伸到海边。在火山公园里，可以看到在世界其他地方难以见到的景观。如火山喷发时形成的硫黄堆积起来的平原、熔岩隧道等。还可看到从裂开的地面中喷发含硫的热水蒸气。在冒纳罗亚活火山的

几老亚喷火口，可见到沸腾的熔岩岩浆在翻滚，有时可见到断落的岩层掉进熔浆里，溅起的火炬有几十米高。在火山喷发活动强烈时，会从火山口溢出熔融状态的岩浆，沿着山坡向下流，一直流淌到远在几十千米的太平洋里，并发出咆哮的声响，有时可延续几个月。熔岩流过的地方，房屋树木，全被熔岩吞没。岩浆冷却后，便形成山坡上坚硬的熔岩覆盖层，寸草不生。

马来群岛

　　马来群岛旧称南洋群岛，由两万多个岛屿组成，沿赤道延伸6100千米，南北最大宽度3500千米，总面积约243万平方千米，约占世界岛屿面积的20%，是世界上面积最大的群岛。除菲律宾北部部分岛屿以外，各岛都在赤道10°以内，年平均气温为21℃。这些岛屿分属于印度尼西亚、菲律宾、马来西亚、文莱等国。其中印度尼西亚由13 600多个岛屿组成，是世界上最大的群岛国家，有"千岛之国"的美誉。

　　在全球浩瀚无边的大洋中，为什么有如此多的岛屿集中在这里呢？这与它特殊的地理位置和地理环境紧密相关。首先，这里处在向西移动的太平洋板块和向北移动的印度洋板块、亚欧板块交接的地带，几大板块相互碰撞挤压，使这里的地壳褶皱隆起，突出海面，形成海岛。其次，这一带火山、地震活动频繁，容易形成火山岛。再次，这里的海水温度高，有利于珊瑚虫繁衍，而珊瑚虫是造岛的"能手"，能造出大量珊瑚岛。最后，这里有十分宽阔的大陆架，随着海陆的沧桑变化，又可以形成面积较大的大陆岛。

　　马来群岛的农村和农业经济占压倒性优势，农村居民绝大多数为定居耕种者，主要农作物是水稻，经济作物有橡胶、烟叶、糖等。岛上森林资源丰富，可提供贵重木材、树脂、藤条等。

　　马来群岛上还蕴藏有丰富的石油、天然气、锡等资源。石油主要产于苏门答腊岛和加里曼丹岛，锡主要产于印尼的邦加岛和勿里洞岛，其年产量占世界

总量的 10%。岛上的水力资源丰富，但未充分开发。制造业不发达，轻工业主要是纺织、造纸、卷烟等。马来群岛处在太平洋板块、印度洋板块和亚欧板块三大板块的交接处，地壳很不稳定，成为世界地震和火山爆发最多的地区，是东南亚"最不安定"的区域。

印度尼西亚和菲律宾是东南亚火山数量最多的国家，印度尼西亚有 400 余座火山，其中的 120 座为活火山；菲律宾也有 52 座火山。这些火山主要分布在印度尼西亚的苏门答腊岛、爪哇岛、努沙登加拉群岛和菲律宾的一些岛屿上。这些岛屿呈弧形自东向西延伸，如同一条长长的走廊，因而人们形象地称之为"灯火走廊"。

火山的爆发给当地的人民带来了灾难，但火山堆积物也形成了大量的自然奇观，为发展旅游业提供了宝贵的资源。它吸引着各学科的科学工作者前来考察研究，探索大自然的奥妙，也吸引着大量的旅游者前来观光。马来群岛西与亚洲大陆之间有马六甲海峡和南海，北与台湾之间有巴士海峡，南与澳大利亚之间有托雷斯海峡。其中马六甲海峡是连接太平洋和印度洋的水道，处在两者的咽喉位置，其西岸是印度尼西亚的苏门答腊岛，东岸是马来西亚西部和泰国南部，总面积 65 000 平方千米，长 800 千米，其南口宽 65 千米，向北渐宽，到北口达 249 千米。马六甲海峡因临近马来西亚古城马六甲而得名。

马六甲海峡处于赤道无风带，全年风平浪静的日子很多，利于航行。海峡底部平坦，多为泥沙质。南部水深很少超过 37 米，一般约 27 米，向西北逐渐变深达 200 米。海峡南口有许多小岛。海流终年向西北流。由于几条大河的注入，马六甲海峡海水含盐量低。马六甲海峡是中国和印度之间最短的海上航线必经之路，也是亚、非、欧各国往来的重要海上通道。

马尔代夫群岛

乘直升机翱翔于马累南、北环礁上空，从空中俯瞰马尔代夫群岛，一望无际的海布，一个个如花环般的小岛星罗棋布，犹如一块块翠玉，散落在蔚蓝的大海中。从高空俯视小岛，中间是绿色，而四周是白色，岛屿附近的海水则是深邃的、醉人的蓝。印度洋犹如华贵的蓝色天鹅绒地毯，点缀着一串串晶莹的绿宝石。

马尔代夫是由梵文 Malodheep 演化而来的，意思是"美丽的花环"。很多人用"天际抖落的翡翠"来形容马尔代夫的地貌，也有人把它喻为"印度洋上最美丽的花环"。

马尔代夫位于斯里兰卡西南 650 千米的海域里，由北向南经过赤道纵列，形成了一条长长的礁岛群地带，仿佛一条帅气的蒙古腰带。群岛由 1000 多个岛屿组成，大多由海底火山爆发形成，有的中央凸起成为沙丘，有的中央下陷成环状的珊瑚礁圈。群岛周围是蓝绿色清冽的海水、洁白的沙滩和豪华的度假村酒店，被人称为"印度洋上人间最后的乐园"。

马尔代夫群岛由露出水面的大小不一的上千个珊瑚岛组成，因此想要观赏马尔代夫的美景，最好的办法是从空中鸟瞰群岛。乘水上飞机或直升机前往，一路欣赏着群岛的壮观和浩瀚，美不胜收。马尔代夫全国约有 30 万人口、1000 多个岛屿，其中只有 200 多个岛屿有居民，许多是荒岛，并无人居住。

来到这些岛屿的度假村，就不要怕精力用不完，岛上天然的绝世美景总让人流连忘返。在南、北马累环礁，众多国际著名度假酒店借大自然的阳光和沙滩营造了极具特色的休闲氛围，但这些酒店缺少自然的妙趣，所以如果不怕麻烦，最好在当地租一间民居，体验原汁原味的马尔代夫群岛生活。也可以租小船前往一些无人荒岛寻幽探秘，去体验自由宁静的桃源情调。

马尔代夫群岛最吸引人的地方是由珊瑚礁形成的岛屿，是与新加坡城市风貌决然不同的美丽群岛，首都马累也是一个珊瑚礁岛，据说是"花环"的意思，马尔代夫的名称就来源于此。的确，这里五颜六色、形状各异的大小珊瑚环礁，就像海中盛开的朵朵鲜花。马累是全国最大的岛，人口密集。但对于生活在大陆的人来说，这个最大的城市有点可笑，只有2平方千米，只要有脚能行走，在半天之内便能游玩全市。路两边有很多高官贵族居住的双层楼房，屋外花园里长满了各种果树，有椰子、芒果和面包树等，阵阵清风飘来浓郁的香气。

距离马累5千米处有一座名叫维林格里的岛屿，登上岛便走上一条横贯全岛的宽敞大道，路上一层厚厚的白色珊瑚细沙在阳光的照射下晶莹闪亮，街道两旁绿树成荫，长满热带地区特有的奇花异草。

划水、冲浪、帆板等都是紧张而又刺激的运动，但潜水却是最富有特色的运动项目。岛上还设有向游客传授潜水技术的潜水学校，到此不妨一试。租用灯光潜水衣，潇洒地潜入海底，观赏水下千姿百态的水下珊瑚和缤纷的热带鱼，好似进入了一座海底公园。

马尔代夫博物馆位于马累市中心的苏丹公园内，馆内陈列着苏丹王朝时期的许多物件，有精美的皇冠、代表着统治者权力的宝座，以及从侵略者手中缴获的刀枪、古炮等武器，还有历史悠久、制作精美的石刻、漆雕和木雕。马累市区街边的商店都不是很大，大部分是本土的手工艺术品店，以精致的木雕、椰壳做成的船和精致的手工装饰画为主。鱼类市场也异常热闹，每天傍晚，渔人们便把一天的收获搬到市场上去卖。马尔代夫有丰盛的海洋物产，马累鱼类市场里一桶又一桶的金枪鱼是投放市场的主要品种。鱼类市场里有专门去皮取肉的师傅，一条1米多长的金枪鱼大约只需1分钟便被分割成皮、骨、肉3个部分，好像一场精彩的杂技表演，令观者啧啧称叹。

划一条独木舟漂荡在湖中央，或者在岸边悠闲地钓鱼，都是一种享受。钓

上来的鱼不用刀切，可以直接放在火上烧烤，一会儿工夫，浓浓的鱼香便弥漫了整个岸边。在淡淡的烛光下痛快地品尝异国他乡的美酒，遥望远处的大海与星空浑然一体，如此的良辰美景，让人逐渐忘记了尘世喧嚣。

搭乘多尼船出发，去参观本地人居住的渔村岛。悠闲地穿梭在宁静的民房之间，穿过窄窄的小巷，拜访当地人居住的村落，走进一幢幢灰白相间的石屋，与悠然自得的岛民打招呼，感受着他们的友好与热情。

置身于马尔代夫群岛的极乐世界，犹如隔离了尘世，在轻音曼妙、袅袅芳香的别致空间里，享受水滴、花瓣和泥土的亲昵，吮吸来自森林原野的植物所散发出的清新气息。

这是地平线上的最后乐园，伊甸园般的景致以及蓝绿交织的广阔海域、璀璨夺目的珊瑚礁石、缤纷多彩的鱼群、惬意诱人的沙滩椰林，一切是如此宁静和温馨。在暮色将近的时候，徜徉于寂静的海滩，时而有阵阵轻微的海风拂面，此时便可将旅行的疲倦和睡意一同抛开，如天空飞翔的鸟儿、水中畅游的鱼儿般自由自在，烦忧尽忘。

冰　岛

冰岛今日的面积，差不多有 4 万平方千米，是中大西洋山岭露出水面最大的一个山脊。中大西洋山岭主要是在海底蜿蜒起伏的一条山脉，长达 6000 千米，沿着大西洋海盆中线，从北极伸展到南极，属于"洋底山岭"山系的一部分。洋底山岭是延遍全球的海底山脉，长 2 万余千米，从南非尖端与南极洲沿岸之间，向东转入印度洋和太平洋，实在是围绕整个地球的一条大接缝。中大西洋山岭其他露出海面的部分，还有亚速尔群岛、圣彼得与圣保罗礁、亚松森群岛、圣海伦那岛，以及特里斯唐达空雅群岛等。

冰岛的基岩是以玄武岩和火山岩屑为主。洋底亦由玄武岩构成，因此冰岛地质与洋底相似。大陆的基岩上还有一层花岗岩，冰岛却大致上没有。冰岛目前的岩石，大部分早在6000万~4000万年前就凝固而成。地表下面近期的地质活动，多半是在一个大约50千米乘400千米的地带内发生。这个地带位于一条从西北通过全岛中心到东南的轴线上。由于冰岛长期有火山活动，化石极为稀少，所以鉴定地质年代差不多只限于利用岩石中所含的放射性同位素。

冰岛上除有大量各式各样的火山锥外，还有许多活裂缝喷溢熔岩流，流出像流水似的熔岩液，把好几平方千米的地方淹覆铺平，然后凝固。这样层层堆叠，形成熔岩平原和熔岩高原。裂缝喷溢熔岩流的成因是，地底岩浆压力逐渐增加，炽热的流体迅速沿着岛中央附近岩层的断裂涌出。

离冰岛首都雷克雅未克约50千米，山岭在积雪的平原上蜿蜒起伏，长达8千米，山岭中央有一条宽阔的裂缝，从上而下，裂缝两壁是硬化了的熔岩，相对越来越分开。地质学家怀疑这条名叫阿曼那格查的裂缝，就是中大西洋山岭一个裂谷露出海面的部分。最近的测量证实，阿曼那格查裂缝的确慢慢扩展，两边土地正像洋底的情形一样，向外扩展。裂缝壁上那些硬化了的熔岩，现出许许多多岩柱。岩柱是熔岩冷却时发生收缩龟裂所造成。

雷克雅尼斯半岛像只粗短的手臂，在西南岸伸入海中，首都雷克雅未克正位于半岛的北岸。这个半岛时常发生地震，不断出现新的裂缝和温泉，一切都显示出不久的将来便会有更多火山爆发。科学研究的计划都以预测火山的活动为目标，以避免或减小生命财产的损失。

红外线探测器能够找出地温显著上升的地点。这种仪器可以在地面上使用，也可以装在飞机和人造卫星上来探测冰岛的地质活动。近年来已找出五个地温上升的地区，表示可能有火山爆发的危险，其中有冰岛南岸对面的火山岛塞尔泽。这个岛是在1963年随着海底喷出的炽热的火山灰和熔岩而冒升出来的。根据记载，自从公元12世纪以来，冰岛最有名的火山赫克拉峰每个世纪都约有两次大爆发。从山脚树木不生的熔岩平原上仰望，那个修长的"复合火山锥"光秃秃的耸入北极上空，高1500米。

加拉和格里斯沃敦这两座活火山，山腰和山顶差不多完全被冰原覆盖。近年来大洪水多半起源于此。在冰岛南部被密尔达尔斯冰川盖住的加拉火山更可怕。这座火山大约每个世纪爆发两次。爆发时冰川消融洪便有如大河泛滥，万马奔腾地冲过辽阔的密尔达尔斯平原，直趋南部海岸。

冰岛在密尔达尔斯冰川和瓦特那川大冰原以南的沿岸地区，有辽阔平坦的洪水沉积平原。平原上有历次冰川消融洪和冰川融化的冰水所带来的沙粒、砾石和漂石，重叠堆积，每层厚薄不同，成分各具特色。许多源自冰川的溪流，蜿蜒南下，穿过平原注入大海。溪流两岸的剥蚀和沉积，经常把河道改变，给当地的农夫和地图制图员带来诸多不便。

冰岛以间歇泉而闻名于世。英语间歇泉一词就是源于冰岛语。世界上三大间歇泉区之一，就在赫克拉峰西北约 35 英里（56 千米）处。其余两个，一个在北美的黄石公园，一个在新西兰北岛的陶波湖和罗托鲁亚湖一带。

加拉帕戈斯群岛

加拉帕戈斯群岛将天南海北的珍奇生物汇集于一处，演绎着地球生命从古到今的故事。然而，直到 1835 年达尔文上岛考察，之后提出了著名的自然选择理论，这座与世隔绝的海岛才引起了世人的注意。

加拉帕戈斯群岛（又名科隆群岛）属于厄瓜多尔，位于东太平洋，东距南美大陆海岸大约 1000 千米。群岛由大大小小 19 个岛屿及无数的岩礁组成，这些位于赤道上的岛屿都是远古时代由海底火山喷发出来的岩浆堆积而成的火山岛，至今已有几百万年的历史。加拉帕戈斯群岛的陆地上、岩石间、深海里生活着各种各样的生物，包括海狮、海豹、海獭、鹈鹕、信天翁、企鹅、反舌鸟、火烈鸟、熔岩鸥等，堪称一座"魔幻之岛"。

当查理斯·达尔文乘"猎犬"号船进行意义重大的科学大发现期间，于1835 年到达该群岛，并对该岛留下深刻的印象。岛上众多的所见所闻，激发他撰写《物种起源》这一旷世巨著。

加拉帕戈斯群岛是由海底抬升的熔岩堆积物形成的一组海洋岛。群岛从北向南延伸300千米，由15个大岛、42个小岛和26个岩礁组成。总面积约7800平方千米，其中96.6%的面积现为国家公园，其周围为一个面积79.9平方千米的海洋保护区。这是一些反差强烈的岛屿。岸边低地贫瘠、干旱，植被以似人掌科为主。随着海拔的升高，湿度不断增大，200～500米的山坡上生长着茂盛的常绿林，而海拔最高的地区是苔藓、蕨类植物占优势的旷野。

正如其他大洋群岛一样，这些岛屿的动植物区系取决于海洋或空中带来的不速之客，尽管近年来人类也起着作用。在这些岛屿上发现的许多动物，不仅对群岛而言，对群岛之中的某些特定岛屿而言都是很独特的。例如，加拉帕戈斯群岛是地球上唯一有海鬣蜥的地方。这些蜥蜴仅以海草为食，并且通过发育不完全的蹼足适应了海上生活方式。7种不同的海鬣蜥，每种都显示明显的差异，并在不同的岛屿上演化。6个岛屿均有一种为加拉帕戈斯群岛特有的陆鬣蜥。

群岛还以另一种爬行动物——巨龟闻名于世。成熟的龟体能重达135～180千克。由于没有竞争对手，15个特有品种的龟类布满于许多适宜的生态环境之中，但是，其中4种现在已经灭绝，还有1/5现仅存单身雄龟。

在加拉帕哥斯群岛附近的水域发现两种海生动物，两者都是特有种群。加拉帕哥斯海狗是亚南极属中唯一的热带代表，喜夜间活动；而另一种加拉帕哥斯海狮则在白天活动。更引人注目的是，有两种蝙蝠也是该岛的特有种，加之3种当地鼠——包括近期发现了75万多对正在繁殖的海鸟，包括世界上已知身披伪装的鲣鸟中最大的种群，以及加拉帕戈斯企鹅和加拉帕黑腰海燕等特有种。

加拉帕戈斯群岛的位置极其特殊，正好处在寒暖洋流交汇处，来自南部的秘鲁寒流和北部的赤道暖流交汇于此，使得海洋生物异常丰富，喜寒喜暖的动

物一应俱全。这是个旅游的好去处，有些人这样描写：加拉帕戈斯海狮在水中嬉戏；抹香鲸在喷水柱；成百上千的锤头鲨及宽吻海豚和你共泳，好奇心十足的加拉帕戈斯鲨鱼喜欢追随潜水者；鲷鱼密密挤成个直径 15 米的球体；梭鱼群组成 50 米的长墙；一种叫丑角濑鱼的鱼独特非凡，每个个体的颜色和图案都不相同；加拉帕戈斯企鹅在捕鱼。不管怎么说，加拉帕戈斯群岛值得每位到南美的人前往游览。

克里特岛

美丽迷人的爱琴海，曾诞生了欧洲最古老的青铜文明，也孕育出辉煌灿烂的古希腊文明，那里风光绮丽，气候宜人，克里特岛的自然景观丰富多彩，有

葱郁的莽林、银色的沙滩、静谧的港湾、富饶的平原和壮丽的山峦。海岸边、山脊上，蓝顶白墙的房屋鳞次栉比，古老的遗迹随处可见，使得这里的时间好像是凝固的，更有时而澎湃激昂、时而柔情低吟的波浪拍打着海岸，好像在吟诵千古兴废的诗歌，诱惑着旅行者和探险家，将人们带回到古昔的神话时代。

岛屿给人一种孤独而清静的感觉。在空旷辽远的海滩上找寻橄榄树林，然后再走进一个小酒馆，要两个小菜和一瓶酒，仿佛成为流浪在天涯海角的孤独者。瑞瑟蒙市是一个有着无限自由的旅游胜地与一个有着旧建筑的传统内港的结合体。大部分的旅游活动和夜生活的地点就位于城镇海滩后面的那条路上。

一栋怪异而别样的圆顶建筑是港口哈尼亚的地标，很像章鱼伸出的脚须，是土耳其人在哈尼亚唯一的清真寺，因为当年这里的人们总是把教堂当作清真寺用，虔诚地拜谒真主阿拉。位于港口东南边的码头仓库是威尼斯人建造的一座有23间房屋的大仓库，最初是用来保护船只，但现在也成了哈尼亚的标志性建筑，大凡到克里特岛的人都会来此一游。

在城市以南数千米的地方，很容易就能找到克诺索斯王宫。王宫的遗迹范围很大，应该在没有炙热天气和嘈杂人群的时候去享受它的寂静与清宁之美。

在凉风习习的夏夜离开克里特岛，在抛锚的客船甲板上从睡袋中探出脑袋，仰望星空，对着偶然划过的一颗流星，在心里默默许愿，但愿旅程永远不要有结束的一天。

蓝色海岸

法国蓝色海岸的鼎鼎大名无人不知，这里早已成为了世界上最具魅力的沿海风景地带。

蓝色海岸地区，又称作里维埃拉地区，是滨海阿尔卑斯省和摩纳哥王国的总称，位于法国东南部的边境地带，毗邻意大利。得天独厚的地理位置使这个地区呈现出了两种截然不同的地貌特征，海洋与山脉共存，景致独特。

线路上的重要城市尼斯是法国第五大城市和第二大旅游胜地。每年都会有许多盛大的节日，尼斯狂欢节是其中最具吸引力的一个：每年的二三月份，尼斯会举行近三周的狂欢活动，包括花车游行、放烟火、化装舞会等系列活动，届时会比夏日的海滨更热闹。依偎在青山脚下和地中海之滨的小城戛纳，白色的楼房与蓝的大海及排排高大翠绿的棕榈树构成一派绚丽的南国风光。每年这里的戛纳电影节是全世界电影界的一大盛事。南方重镇马赛气候宜人，景色秀丽。城市内有很多教堂和博物馆。老港外地中海上的伊夫岛是法国著名作家大仲马在小说《基督山伯爵》中着力描写的地方。"香水之都"格拉斯是一年

四季盛开着蔷薇、合欢草等香料花草的城镇，许多顶级香水大师都是在这里诞生的。另外在尼斯与戛纳之间坐落着众多像滨海卡涅、圣保罗·德旺斯、比奥特、瓦洛里斯这样的小村镇。那里的美景及特有的风光吸引了众多的艺术家，像毕加索、雷诺阿、马蒂斯都曾经在这个蔚蓝海岸地区生活过，优美的自然景观触发了他们的灵感，在此创作了许多不朽的名作。

蓝色海岸的气候宜人，一年之中阳光普照的日子超过了三百天，是没有淡旺季之分的旅游胜地。白雪覆盖的阿尔卑斯山峰与婀娜多姿、蜿蜒曲折的地中海海岸线遥相呼应，形成了蓝天、雪山、碧海的独特美妙景观，法国地中海式的文化元素更是这里吸引游人的另一大亮点。

马达加斯加岛

马达加斯加岛有茂盛葱郁的雨林、烈日炎炎的平原、诸多冷峻奇异的石笋和多刺的植物，就连这里的树冠都像是倒插的树根。岛上道路东西绵延 500 千米，南北纵横 1500 千米，完全可以称得上是四通八达了。几条铺满沥青的柏油马路直伸向远处，路两边是琳琅的小商店和自由市场，从日常用品到蔬菜水果，甚至还有鲜活的牛羊摆在路边叫卖。

从城镇中出来，柏油马路逐渐消失，道路变得险峻，有些地方甚至沟洼不平，越野车的作用愈发显得巨大。车窗外的天空乌云遮月，将手伸出窗外，看不见五指，却能感觉到凛冽的风，冰冷刺骨。

曾经有人在马达加斯加岛徒步翻越整个山脉用了近 10 个小时，但如果驾驶越野车，就快得多了，还能沿途一览山谷旁的村落，领略当地的民俗风情。如果是几个人结伴而行，徒步攀登更能亲切地接近这片美丽的土地。

沿着崎岖而狭窄的山路，顶着呼啸的山风，迎着灿烂的阳光快乐前行，远处马鞍形状的山脊上空云翳压顶，笼罩在起伏的山峦上。也许是造物主的垂爱，马达加斯加岛不但有山峰、沟壑、平原，更有玲珑的瀑布，虽然落差在瀑布中算不得最大，却如天堂中潺潺的山泉，伴着氤氲的水汽从岩壁上翻腾而下，注入清幽的深潭。流水汩汩地从深潭往四周随意地流淌，纠缠着两边的棕榈树，一些人忍不住弯下腰将这来自天上之水轻轻拍打在脸上，享受着大自然的神圣恩赐。

这个岛屿与别处不同，在首都塔那那利佛便可感受到都市的繁华与包容，街上的行人虽大都来自不同的种族，却是一派和谐的景象。或许是因为地形的特殊，每当翻山越岭之后定能发现视野开阔的平原，真是"山重水复疑无路，柳暗花明又一村"。平原的周围散布着零星的山峰，恐怕这种迷人与感动只有身临其境才能真切地感受到。比起高低起伏的山峰和丘陵，马达加斯加岛的平原地带显得异常开阔，草地上 1 米多高的青草在蓝色天际的映衬下宛如一幅幅色彩纯净的水彩画。

马达加斯加岛是狐猴的乐土，漫步在岛屿各处，随时有可能与狐猴不期而遇，让人充满期待。凡是来到马达加斯加岛的人都会得到这样的特别礼物，那就是将刻有狐猴的徽章戴在胸前，将马达加斯加的记忆永久保存。抚摸着胸前的狐猴，心中泛起阵阵涟漪。追溯到约 7000 万年之前，狐猴的一支由于自然环境的改变进化成了猴子，而猴子的其中一支又进化成人猿，自此逐渐进化成人类。闭上眼睛，将思绪跨越历史的长河，去虔诚地拜谒人类的祖先。

若是在地域辽阔的地方，最好的游览方式便是无目的的漫游。马达加斯加岛虽然算不得辽阔，但岛屿的西部有一片很大的旷野，在繁星满天的夜晚来到这块平坦开阔的大舞台上高歌一曲，即使唱得不好也不怕被人笑话。四处游荡时，你会进入一个小城，一个岛上发展较快的地区，因为当地出产一种罕见的蓝宝石，因此这个地方被称为"聚宝盆"。小城的人数由大约 10 年前的 1 万人发展到现在超过 15 万人。路两旁有高大的猴面包树，10 米以上的树干，最高的可达 50 多米，简直是树中的巨人，令人啧啧称叹。

有时会在晚上听见马达加斯加岛出没的土匪的枪声，清脆的声音在山峰之间来回撞击，最终消逝在山的另一边，让人心头一惊。若是遇到了当地的土匪，断不可招摇，只要告诉他们你是来旅行的，兴许会转危为安。当地的人们都在自家的牛耳朵上做上标记，以免牛被偷了。但即使这样也难免被土匪掠去，幸好土匪要的只是钱物，极少伤人性命。为了安全，还是尽早离开村落，离开马达加斯加岛的狂野西部。

马达加斯加岛虽然算不上极大，但"五脏俱全"，不但有山峦和平原，还有风光迷人的沙滩。作别了燥热的高原，逐渐迎来一阵阵沁人心脾的海风，凉凉的，使人全身肌肉变得松弛，精神也在瞬间舒展开来。顺着海岸线向四周张望，犹如串串珍珠一样的渔村镶嵌在海岸线上。临近傍晚的时候，渔村的灯火亮了起来，与大都市的霓虹灯完全不同，古朴中带着清幽。渔民们用整棵的大树凿成木舟，荡舟在微风阵阵的海上，打回新鲜肥硕的海鱼。

当然，马达加斯加岛上也有城市，而且城市的风光并不亚于海滩。穿过面包树林，一条开阔的林荫道路一直伸向现代化的市区。只有在黄昏的时候才能充分领略都市的别样风情，将要落山的夕阳，把最后一束光投向古老的猴面包树，温暖的阳光从树叶之间穿过，在地上形成斑驳的影子。

不知是累了，还是对马达加斯加岛充满着眷恋，即使临行的船拉响了刺耳的汽笛声，仍然不愿离去。哪怕只在海风淡淡吹拂的傍晚，躺在海滩上舒适地小憩一会儿，也是幸福的。再一次抚摸胸前的狐猴徽章，恋恋不舍地站在猴面包树前按下快门，时间在这一刻定格。

森林草原大观

森林草原，是动物的栖息地，植物的生长园。这里，体现着自然的和谐和风景的秀丽；这里，在上演着大自然的神奇。美丽的森林草原，将会为我们呈现怎样的奇观盛宴呢？一起来看看吧。

呼伦贝尔草原

　　呼伦贝尔草原是中国温带天然优良草场、传统牧区，因其境内有呼伦、贝尔二湖，故名。呼伦贝尔草原位于内蒙古自治区东北部的呼伦贝尔盟，东起大兴安岭西麓，西至中蒙、中俄边界；北起额尔古纳市境内的根河南岸，南至中蒙边界；东南一隅与兴安盟接壤。草原面积9万多平方千米，其中天然草场面积占80.1%。呼伦贝尔，以它茫茫的草原、浩瀚的森林和古朴多姿的民族文化而著称于世，被人们誉为绿色之净土，北国之碧玉。

　　受喜马拉雅运动的影响，这里东部和西部隆起为丘陵和低山，中央陷落成谷地，海拔多在650～700米，大部分被第四纪风沙及砾石层掩盖。草原夏季温和短暂，冬季严寒漫长。草原的天然草场以干草原为主体，包括林缘草甸、草甸草原、河滩与盐化草甸及沙地草场等多种类型。有野生种子植物600多种，占优势的牧草主要有羊草、贝加尔针茅、大针茅等。这里是著名的三河牛、马和锡尼河牛、马的产地。西部大面积草场退化，东部大面积草场未利用，地形和缓，水源较丰，改良利用条件好。滨洲铁路横贯大草原。重要城镇有海拉尔市、满洲里市。

　　草原上牧草茂密，每平方米生长20多种上百株牧草。有药材约400种，兽类约35种，禽类约200种，鱼类约60种。草原白蘑、秀丽白虾、三河牛、蒙古羊享誉国内外。呼伦贝尔草原河流纵横，大小湖泊星罗棋布。呼伦贝尔草原上的主要河流有海拉尔河、额尔古纳河、伊敏河、辉河、锡尼河、莫尔格勒河、哈拉哈河、根河、乌尔逊河、克鲁伦河等。每到夏季，这里莺飞草长，牛羊遍地。星罗棋布的河流湖泊，是呼伦贝尔自然风光中的又一奇观。不同的地理环境使呼伦贝尔的河流千姿百态，各具特色。河流在山林中水势湍急，而到了草原则温顺平缓，九曲回肠。"天下第一曲水"的莫尔格勒河长约150千米，宛如一条玉带，延伸在呼伦贝尔草原上。

呼伦湖像一颗晶莹硕大的明珠，镶嵌在呼伦贝尔草原上。呼伦湖与东南方相距250千米的贝尔湖被称为姊妹湖，并成为呼伦贝尔草原的象征。呼伦湖是内蒙古最大的湖泊，也是中国五大淡水湖之一。这里水域宽广，沼泽湿地连绵，草原辽阔，食饵丰富，是鸟类和鱼类的天堂，因此是我国东部内陆鸟类迁徙的重要通道。春、秋两季，南来北往的候鸟繁多。据初步统计，呼伦湖地区共有鸟类17目41科241种，占全国鸟类总数的五分之一，是世界上少有的鸟类资源宝库之一，是一个硕大的鸟类博物馆。

贝尔湖位于呼伦贝尔草原西南中蒙交界地带，大部分属蒙古。湖形椭圆，长约33千米，宽20千米，面积约600平方千米，平均水深8米左右。东南有源于中国大兴安岭特尔莫山的哈拉哈河注入，西北角有乌尔逊河与呼伦湖相通。水质良好，湖内盛产鲤鱼。

热带植物王国

中非热带雨林被人称为"热带植物王国"，林区树木种类繁多，千姿百态，令人眼花缭乱。加蓬榄是这里比较珍贵的树种，生长快、树干挺直、成材率高、木材纹理美观，是很好的用材树种；非洲桃花心木质地轻盈、木纹漂亮，是制作家具的理想木材；而非洲梧桐树则体型轻巧、颜色淡然，适合制作胶合板和造船；紫檀树高大而木色深红、质地坚固耐用，是红木中的上品；此外还有闻名世界的非洲楝、非洲箭毒木、西非乌木、非洲朴和西非合欢等。

在乔木下面长有矮小的灌木丛，众多的藤本植物密密匝匝地缠绕其间，结

构十分复杂。非洲的热带雨林是世界上热带木材的重要产地和出口地区，世界上一些国家，如法、意、德等国80％左右的热带木材是从非洲进口的。高大的乔木拔地而起，树冠紧密相连。

中非热带雨林为诸多种类稀少的野生动物提供了温暖的栖息地，如猩猩、河马和其他鸟类、昆虫等。但是由于近年来在该地区居住的人们出于金钱利益的考虑，将雨林边缘砍伐开辟为种植园，种植咖啡、可可、油棕等，使雨林的面积逐渐减少。有些地区甚至失去了森林的保护，造成生态环境的恶化。

中非热带雨林的夜晚，可以听见鸟叫、虫鸣，此起彼落，穿插着一些不知名动物发出的不同调子的叫声，好似一曲丛林交响乐……心情跟着宁静下来。原来沉浸在原始森林中，是会被催眠的。于是整夜整夜，像阿里巴巴一样，在月光照得到的地方，遍寻一把发光的钥匙，让人能穿墙而过，幽灵般降落于思念之处。不由得想起台湾作家三毛说的一句话："最深最平和的快乐，就是静观天地与人世，慢慢品味出它的美与和谐。这份快乐，乍一看也许平淡无奇，事实上它深远而悠长，在我，生命的享受就在其中了。"

美国大平原

美国大平原是世界上最辽阔的四大平原之一，它东西宽 640 千米，南北长约 2400 千米，土地面积约占美国本土面积的 1/5，这里地势西高东低，西起落基山山麓的海拔 1800 米等高线一带，东到密西西比河谷地，大约沿着等高线为海拔 300 米的位置。这里景致别致，仿佛一汪盛满绿意的湖水在流淌，荡漾无限，意蕴悠远。这里是美国著名的畜牧区、风景区，虽然在此定居的人并不多，但每年却有众多观光者慕名而来，来感受这异国的绚丽美景和情调。因此也留下了许多美丽的诗篇来赞颂这片饱含生机的沃土，正如一位旅美华人所描绘的那样："由来山色为诗魂，平陆应怜亦堪吟，灼灼物华竞畿甸，盈盈谷粱溢仓廪，尽目无涯追落日，入室有思解疑云，胸中自有丘壑在，生机勃发遍桃李"，这里绝对是旅游赏心之地的不二之选。

到过蒙古草原的人都会为蒙古草原的"远看成山，近看成川""天似穹庐，笼盖四野"的威严磅礴气势所吸引和折服，然而美国大平原呈现给你的却是另一番景致。平坦是这里亘古不变的格律，近乎感觉不到坡度，每平方千米海拔只相差 2 米，只是在宏观理论上有这种起伏的存在，当身临其境来个亲密接触时，此时无论如何你也感受不到这里的起伏，说是沃野千里一点都不为过。这里没有高山的阻隔，在这里所能感受到的除了广阔还是广阔，似乎太阳在这里停留的时间也要比在同纬度的其他地区要长得多，太阳没有高山可以屏蔽，只好接受草原朝夕迎别的热情。置身草原之上，你会发觉穷极大草原的边界是一个可望而不可即的臆想，存在却又不真实，只能模糊地看见遥远的天际边有一个蓝色和绿色的过渡。如不是两种颜色迥异得分明，你真的很难辨识何处为地，何处是天，只能怅然地抱怨盘古开天辟地时清晰了世界却为何混沌了这片天地。

任何事情都是相对的，绝对的平坦只有数学里才有，大自然怎么也不会精

确到如此地步，所以说美国大平原遵循着唯物的辩证，偶有微小的起伏。这种起伏不是很明显，好比平静的湖面也会有水光的颤动，只不过平静是主流，颤动掩于平静之下。美国大平原是平坦的，本区大部分表层由年轻的陆相沉积洪积物组成，在北部还被更新世的冰川物质不连续地覆盖，还有黄土沉积物出现。总体说来，地质情况比较简单，地质运动表现不太强烈，但易受侵蚀的结晶岩块、熔岩盖所保持的古老侵蚀面以及由松树岭断层打破了平原的整体性，并有不同的侵蚀产生，让平原在保持主流的同时又有这种小的"颤动"。

有人说是这里的气候和土壤滋养了这片草原，才让它变得如此美丽。这里的气候属于半干旱的大陆性气候，冬冷夏热。虽然西太平洋吹拂的湿润空气被落基山脉无情地阻挡，但大草原会把冬季时冷风带来的大雪当作春天的希望装进自己的大口袋里悉心珍藏（大平原两端高，中间低的形状类似口袋），待暖风吹来时，将其化为生命的甘露，滋养万物。而密苏里河、普拉特河、堪萨斯河也犹如白色的丝带缠绕在草原上，会同富含有机质的黑色土壤一起，孕育着这片繁荣富庶的土地，使这里成为美国的"面包篮"。

如果说草原只有绿草还略显单调缺少灵动的话，那么或许成群的逐水草而生的畜群可以弥补这些缺憾，让草原不再感到寂寞。这里成群的牛马享用着草原赐予的美味，走走停停，好不惬意；羊群像天上的云朵点缀在草原上，它们时聚时疏犹如天上变换的云朵，羊群似乎也很配合草原，试与天空的云朵夺美争艳。这就是繁荣的草原，美丽的"畜牧王国"。其实这里早在工业革命时就是美国的畜牧业生产基地，加上交通的便捷，吸引了无数牧民到这里定居生活、发展畜牧业，如今这里成了世界的畜肉供给区。虽然过度的放牧曾给这里带来过伤痛，让人们在沙尘暴肆虐的日子里饱受煎熬，可最终人们还是幡然悔悟，认识到，存在的就是合理的，既然自然让这片土地以草原的形式存在，本身就是对这片土地的眷顾，塑造并保留这里的原始的美就是对自然最好的答谢。于是伴随着人们的不懈努力，大草原又恢复了它昔日的繁荣。

大草原植物类型为草原型植被，它是由短草（也称水牛草）组成，亦有散布的落叶树，最常见的为棉木树，沿着平原河谷分布，在石质的非农业土地上还有茂密的防护林，这些为抑制风暴而建设的防护林现在却成了大草原的一道靓丽风景线，所以当在草原游览略感疲惫之时，到森林里小憩放松一下，未尝不是一件趣事。

这里到处充斥着浓郁的西部牛仔风情，以及西部拓荒时期的狂野与豪迈。在这里你可以观看驯马表演，体验在马背上变换动作的乐趣；你还可以体验一下传统的牛仔服饰：头戴墨西哥式宽沿高顶毡帽，穿着牛仔裤、皮上衣，以及束袖紧身多袋牛仔服，肩扛温彻斯特来复枪，身缠子弹带，足蹬一双饰有刺马钉的高筒皮套靴，颈围一块色彩鲜艳夺目的印花大方巾，骑着快马风驰电掣地呼啸而来，呼啸而去，让你重新体验一下西部拓荒年代的激情与浪漫。

这就是美丽壮阔且人文气息浓郁的美国大平原，浪漫的自然景色，浓郁的人文气息，给人无限激动和惊喜，又让人意犹未尽、回味无穷！

塞伦盖蒂草原

也许你对电影纪录片《非洲狩猎》中的场景还记忆犹新：在激昂音乐的烘托下，角马、羚羊等数以百万计的动物举家迁徙，场面宏伟壮观，犹如古代沙场点兵，动物震耳欲聋的吼叫声如同吹响的号角、擂起的战鼓，迁徙的"大部队"中蹄声阵阵，脚步声紧凑，紧随其后的是四起的狼烟。这场迁徙大战由野生动物自发演绎，让每个观看此画面的人惊异于它的壮观，并发出无限慨叹，或许这就是生命前进的力量吧，永不止步，一直奔向生命可安然存续的地方。没错，以上所展现的就是被称为"地球上最伟大奇景之一"的塞伦盖蒂草原动物大迁徙，而我们也将跨上求知的骏马去探索属于塞伦盖蒂草原更多的不为人知的神秘。

塞伦盖蒂草原是世界上久负盛名的自然文化遗产之一，它位于坦桑尼亚的东北部。它在马萨伊语中的意思是"无际流动的土地"，或许是因为这里是动物迁徙的"运动场"的缘故，再或许是因为这里是由喷发的火山灰组成的缘故，火山熔岩是流动的，所以这片土地也是流动的，或者二者兼而有之。塞伦盖蒂草原像明珠一样点缀在坦桑尼亚这片黑色的土地上，成为更多人了解坦桑尼亚的窗口。在塞伦盖蒂草原，这里的每一个细节都让你感到神秘，一如坦桑尼亚人的热情、狂野、奔放。

塞伦盖蒂草原是典型的热带草原气候，旱季雨季分明，旱季炎热干燥，雨季雨水丰沛，降水集中。每年的3~5月是这里的大雨季，11~12月是这里的小雨季，降水量可达到500~700毫米，在西部维多利亚湖附近的狭长地带年降雨达950毫米，草原最北端肯尼亚边境附近年降水达1150毫米。每年6~9月，10月到翌年2月是比较凉爽的季节，也是最适合旅游的时节，其余时间为旱季。正是由于这里鲜明变换的节令和显著的气候特点，使大批动物逐水草而居，于是才有了文章开头所说的动物群体迁移的场面的出现，可以说是热带稀树草原的独特气候条件造就了动物界的奇迹。

这里被誉为动物的王国。马赛人说："神明为马赛人创造出动物。马赛人赶走了其他人，保护了动物。"这里有170多种兽类，数目达300多万头，鸟类达1500多种，因此这里是一个巨大的生态系统，是当今世界上野生动物数量最多、品种最多的野生动物群栖居区。当你驱车沿着草原公路行进时，沿途会看见诸如狐狼、狒狒、河马等这些非洲热带草原特有的动物。对于这些动物你或许有种好奇，但又不敢接近的恐惧，但它们对人类早已司空见惯。见车行至时，不慌不忙地躲闪并目视你离开，表现出憨态可掬的淡定与礼让。按理说，生存在这弱肉强食的土地上的生物对外界应该有着超乎寻常的敏感，毕竟追捕与逃脱追捕是动物世界中一个永恒的话题，没有比这更迫近生命本能的了。或许是它们早已习惯了这种生存环境，危险降临时自有应对之道，或许是"我比其他种群个体跑得快就足够了"的"动物心理"在作祟，倘若"动物心理"真的存在的话，抑或是它们对人类的和善早有感触，原因种种，不得而知。

除却这些，你还可以去游览光顾一下非洲热带草原所特有的风光：你可以去看一下躯干矮小粗硕、枝叶稀疏点缀的"香肠树"；目睹一下被称为"塞伦盖蒂之母"，创造了这片神奇土地的、令人惊异的火山口；欣赏一下令无数人向往、被视为河马生活摇篮的河马池；品味一下如诗如画般的孕育肯尼亚文明的山谷风光。即便你哪儿都不想去，那你也可以坐在美丽的伞树下，斟满一杯葡萄酒，品尝鲜美的热带水果，聆听鸟儿的歌唱，好不惬意。或许时不时还会传来巴哥的唠叨，正讽刺嘲笑你的吃相呢。

如果你问除了塞伦盖蒂草原的动物迁徙外什么最令人震撼，那应该是坐热气球观光飞行跨越塞伦盖蒂草原了，这里的气球旅游闻名全球。在热气球上你可以像鸟儿一样尽情地感受这飞翔飘逸的感觉，你可以鸟瞰大草原，在高空领略无与伦比的旷世奇观，让一切美景尽收眼底：你可能有幸看见动物的大迁徙，感受成千上万的动物所带来的惊喜，与角马、野马一同飞奔；或者你可以在气球上感受大草原的日升日落，感受无数生命迎接太阳的悸动。

有人说是塞伦盖蒂草原让世人知晓了坦桑尼亚，更确切地说，是它让人更熟悉了坦桑尼亚。我们知道现在生活在塞伦盖蒂草原上的马萨伊人，他们是热情奔放的民族，善歌善舞，粗犷豪放；他们是善于展现自己的民族，用自己的具有非洲草原特色的风俗和文化吸引着大量的观光者。其实坦桑尼亚在历史上就是古人类的发源地之一，是东非著名的古人类遗址。让我们从这片广袤的草原出发，去探访坦桑尼亚人留在草原的足迹，是它们让塞伦盖蒂草原变得如此神秘狂野。据历史记载，在离塞伦盖蒂草原不远的山谷里发现了距今360万年的古人类脚印，据传这是人类源于非洲的最重要的依据。这些脚印被印刻在火山岩上，可能是火山爆发尚未冷却时，这里的人类祖先寻找食物时留下的足迹吧。虽然现在的科技还不能给予这些脚印以更为科学的解释，但这种巧合却也不可能在其他地方发现。在惊诧于坦桑尼亚历史遗迹的同时，也不得不让我们惊叹时间的飞速流转，曾生活在脚下这片土地的人类祖先竟然和我们相隔了360万年。

这里是充满生机的沃土，是神明眷顾的地方，数以万计的动物赋予了它灵

气，使它不因是荒漠草原而孤寂，它用它的狂野吸引着世人的眼球，也在狂野中续写着神秘。

川西草原

　　川西草原被《中国国家地理》评为中国最美的六大草原之一，所说的川西包括了雅安及西边的甘孜藏族自治州，是一条民族迁徙的走廊，也是自古以来汉、藏、彝等民族交流通商的要道所在地、世人寻找的香格里拉核心区。

　　经过大渡河到达磨西和木雅草原（今塔公、新都桥一带），然后从川藏南路或北路去到西藏青海或者尼泊尔，这就是世所闻名的茶马互市，其所经道路被史家和学者命名为茶马古道，为这一道路命名的是云南学者李旭先生，他曾花了 5 年的时间重走了茶马古道。

　　沿古道行进是一件颇有历史意义的旅程，除少部分路藏于山中被弃用，大部分路段便是今天公路所在。

　　川西高原与成都平原的分界线便是今雅安的邛崃山脉，山脉以西便是川西高原，二郎山两边虽相隔数十千米却有着大相径庭的气候，很多时候东面阴雨绵绵而二郎山以西却是丽日晴天。如果要深入体验康藏文化与风情，那最好是去到关外，所谓的关外是康巴人对于自然地理的一个表述，也就是出康定往北翻过高高的折多山便是到了关外。关外是更为雄奇俊美的天地，草原辽阔，雪山高耸，牧歌悠扬，蓝天下是盛开的喜悦的心灵之花。

　　川西高原的主体民族除雅安有大量的汉族外，其余大部分居民是康巴藏族。藏族在形成过程中历经数百年的岁月，至松赞干布统一青藏高原，藏族人们也就是在那时成为一个有共同文字与信仰的民族。这个伟大的民族在雪域高原生生不息地繁衍，创造了灿烂的藏族文化，但由于山高路险加上当时各部族与种姓间有一些土著语言，因而在藏语发音上有很大区别，故而依据方言的不同，藏族分为拉萨方言区、安多方言区和康方言区，甘孜藏族自治州大部分便属于康方言区。

康方言区的人自称康巴，巴中康方言里的意思与汉语的人大致相同。民间流传着一句著名的话："康巴人能走路就会跳舞，能说话就会唱歌。"走进川西高原将会是一次歌舞之旅。

川西高原上群山争雄、江河奔流，长江的源头及主要支流在这里孕育古老神秘的文明，大渡河、雅砻江和金沙江带着雪山草地的气息由北向南流淌。青藏高原山脉的走向也大至由北向南延伸，在地理上我们一般将这一地带称作横断山区。地理与气候原因促成了这一方土地独特的景观和复杂的高原气候，是"一山有四季，十里不同天"的是真实写照。

新西兰草原

有人说新西兰是除南极洲以外世界上现存的最后的净土，"最后的乌托邦"，这句话果然不虚。这里的一切都遵照最原始的状态存续，没有污染，没有杂质，有的只是属于它自己的宁静与美丽。新西兰是一个充满诗意的国度，这种诗意细腻到它的每一寸"肌肤"，这里的每一处景观都独立成景，如诗如画，说新西兰草原富有诗意，自然也就在情理之中了。

从空中鸟瞰新西兰南北二岛，犹如两片漂浮在南太平洋上的绿叶，与周围浩瀚缥缈的汪洋之蓝相得益彰，可以说新西兰是一个用绿装点的国度。新西兰是一个多山地和丘陵的国家，海拔多在 200～2000 米。因此它的草原没有亚欧草原的平坦与广阔，或许是追求完美的造物主想创造一个集世界美景于一体的地理标本库，苦于地域的限制难以取舍，才留下了这些许的遗憾。不过瑕不掩瑜，新西兰草原用它的起伏壮美征服了眼光挑剔的世人，让无数踏足这片土地的游览者拜倒于它的膝下。

新西兰草原四周环海，属温带海洋性气候，终年为海洋湿润空气所滋润，降水丰沛，草场繁茂，畜牧业发达。漫步草原，随处可见成群的牛羊悠闲地散

步在绿草如茵的草地上，衬托着蓝色的远山，这是新西兰最美的一道风景。

由于新西兰是一个地壳活动频繁的国家，所以新西兰草原的地理形态精彩纷呈，呈现多样性。草原与森林交错而生，火山与冰川相映成趣，这也使得草原景观不至于拘泥于一种样式而显单调。而森林的存在也往往成为动物的栖居区，动物游离于森林与草原之间，真的是"游乐"与"休闲"两不误。驻足草原，在接近视野尽头的远山，你会看见被皑皑白雪覆盖的山峰，与脚下的草原交相呼应，此时"一川有四季，十里不同天"的感觉特别强烈。这些山峰多是沉睡的火山丘，当然这些火山也偶尔会被惊醒，不过这时你会惊奇地发现：草原上的生灵表现出一副若无其事的淡定，仿佛什么都没发生，依然悠然自得，呈现出一片和谐的景致，或许它们对此早已司空见惯。

新西兰草原有"大自然地理教室"的美誉，它吸引着众多珍禽异兽在此驻足、繁衍生息。这里有称为新西兰国鸟的几维鸟，又称为"奇异鸟"，说它奇异是因为它是没有翅膀的鸟类，长长的嘴巴除了觅食，在闲时还用来支撑身体休息。此外还有世界上最大的海鸟"信天翁"等珍禽。对于树木而言，草原中有繁茂的森林，树种名目繁多，高大参天，有辐松树、山毛榉树、罗汉松和新西兰唯一的棕榈——啃蒂棕榈，当然还有号称新西兰最高的考里树。这些树木犹如草原的一把把大伞为草原遮风避雨。

新西兰草原无处不散发着浓郁的土著风情。在靠近草原边缘与火山丘相衔接的地方，生活着新西兰的土著居民——毛利人。他们从事农业、畜牧、渔业、狩猎和采集活动，长相近似亚洲人，是波利尼西亚人的一种。毛利文化是新西兰草原很有特色的文化，毛利人工于雕刻和纺织，其雕刻被视为毛利艺术的精髓。他们用木、骨和绿玉雕刻出各种生活用品和装饰品。毛利人的建筑物，如毛利会堂、部落粮仓及独木舟等，几乎都雕刻有各种象征意义的图像。骨雕刻比木雕昂贵，早期多用鲸鱼骨雕刻，后来也用其他动物骨头雕刻。因此游览毛利部落，了解毛利风情也成为体验新西兰草原风情不可错过的精彩。

新西兰草原是大自然留给人类的最后一片纯净的土地，它在给我们展现美丽景色的同时，也向我们昭示了生机盎然的真谛。所有的这一切都会让你有一种回归自然的宁静。

东欧大草原的景致是别致的，在这里不但有平缓起伏的丘陵的覆盖，遍野分布的畜群，盛开在草丛间的无名的野花以及萦绕其旁的彩蝶，还有草原的边缘郁郁葱葱的树林，这些高大粗硕挺拔的白桦、松树，在视线的尽头层次分明地映衬着草原，呵护着草原，为草原遮蔽着风寒，保护着其赖以生存的水源。

既然这里有优越的生存环境，动物自然不会错过，这里聚集了诸多动物，其中哺乳动物以狼和高鼻羚羊为代表。啮齿动物种类繁多，有灰兔、草原蹄兔、大跳鼠、鼢鼠和黄鼠等。鸟类有草原鸫、云雀、野雁、鹌、草原雕、草原鹨等。而它们的存在为草原增添了无限生机。值得一提的是在接近黑海部分的荒漠草原地带，这里由于黑海下层海水不能分解氧气，海里生物呈现一定的多样性，这就形成了东欧草原靠近黑海旁独具一格的动物生物体系。

这是一片神奇的草原，它不但诠释了广阔、宁静、闲适、壮观等这些草原所应该具有的美，还承担了古代文明的传承的重任，孕育并教化着这里的生灵，使自然和文明在这里和谐共荣，而它带给人的也不光是自然的美感，还有历史的珍贵以及对心灵的启迪。

若尔盖大草原

若尔盖大草原是地处中国四川、甘肃、青海三省交界处的中国川西北大草原，包括若尔盖、阿坝、红原、壤塘四县，为中国五大草原之一。若尔盖大草原是四川省最大的草原，面积近3万平方千米，由草甸草原和沼泽组成。草原地势平坦，一望无际，人烟稀少。若尔盖大草原水草丰茂，原始生态环境保护良好，形成了山水秀丽、景色迷人的草原风光。这里有著名的九曲黄河第一弯

和花湖。

若尔盖大草原位于青藏高原东部边缘地带，地处阿坝藏族羌族自治州北部。境内地形复杂，若尔盖大草原南部的鹧鸪山巍然挺立，山顶积雪，气势雄伟；原始森林与雪山草地、河谷农田交相辉映。这里是我国三大湿地之一，草地连绵，积水成沼，河流弯曲摆荡，蜿蜒其间；湖泊星罗棋布，独成一道风景。

黄河与长江流域的分水岭将草原上的若尔盖县划分为东西两个截然不同的地理单元和自然经济区。东部群山连绵，峰峦叠翠；西部草原广袤无垠，水草丰茂，牛羊成群，素有"川西北高原的绿洲"之称。中西部和南部为典型丘状高原，地势由南向北倾斜，平均海拔 3500 米。境内丘陵起伏，谷地开阔，河曲发达，水草丰茂。主要河流有嘎曲、墨曲和热曲，从南往北汇入黄河。北部和东南部山地系秦岭西部群山的余脉和岷山北部尾端，境内山高谷深，地势陡峭，海拔 2400～4200 米，主要河流有白龙江、包座河和巴西河。

黄河第一弯位于黄河上游青海、四川、甘肃三省交界附近。黄河流出河源区后，大体由西北向东南流，再折转西北，构成 180° 大弯，弯顶在四川省若尔盖县的唐克镇，称唐克湾。黄河之水犹如仙女的飘带自天边缓缓飘来，在四川边上轻轻抚了一下又转身飘回青海，故此地称九曲黄河第一弯。

若尔盖大草原的花湖自然保护区，风景十分优美。花湖位于若尔盖县城西北约 40 千米处，此处是青藏高原最大的高原湿地，花湖只是其中一个沼泽湖而已。"花湖"因每年八月浅水中的水草会在水中开出朵朵美丽的小花而得名。这里除了有清澈见底的湖泊外，还有一望无垠的被黄色、蓝色各色野花点缀着的大草原，周围是巍峨的连绵起伏的群山。花湖水面辽阔，水看似不深但下面却是深不可测的沼泽地。湖边生长着大片的芦苇丛，夏季翠绿，秋冬金黄。花湖还是我国珍稀保护动物"黑颈鹤"的栖息地。每年夏、秋季节，大量的黑颈鹤飞到这里繁殖后代，这里的湿地顿时充满了生机。

北海道草原

谈论到草原，似乎不用具体到哪一处，我们就能够猜想并领略到它的美。美对于草原的自身形态而言，有着极大的共性。所以我们能够从热带草原的美，利用自己所掌握的地理和自然知识推论出温带草原的美。倘若就这些美的共性进行描述的话，则有以下这些：大地和天空的颜色一定是一碧一蓝的，天空在头顶上显得很高，又在四极处显得极低，同大地接合在了一起；地面上没有突出的棱角和障碍，视野一定是很开阔的；因为是草原，也一定有畜群和牧羊人，牧羊人一定唱着动听的歌子；所有的草原都让人感觉安详沉静、豁然通达。

每一处草原出于不同的环境和独自的人文特色所给人的感觉都有些微小的差异，比如在高山上的草原和在低地上的草原就有着一定程度的不同，而这种不同就构成了一块草原独立存在的理由，也就是它的灵魂。

北海道自身就是一个极其有情调的地方，这是一个以农业为主的山区，从这一角度说来，有些像法国的南部，薰衣草田和向日葵花田使得这种相像更加贴近了一些。但是，这里绝对不是法国南部山区，北海道的纬度要更偏向于北方，也更多地暴露在太平洋的水汽中。这里的冬季会下更多的雪，直到把这里变为雪国。并且这里的居民也不是法国人，而经过他们的手培植出来的风景必定要因为它的主人的不同而有所区别。这也就是说，北海道的风情是有自己独到的特点的，这一点上，它不需要抄袭和效仿别人，也拒绝自己被其他地区的风景所复制。北海道的草原上，就

有这种北海道整体风情的基调，倘若要为这个基调寻找一个可以朦胧地表达的词语的话，那就是雪国。

北海道的草原是雪国的草原，理解这一说法的含义必须要借助川端康成的一部小说。虽然小说的内容与草原无关，但是却把雪国里所有哀戚的愁思和荒凉的爱情写了出来，而"雪国"一词在这一部小说之后就带有一种惋惜的情绪。所以，当把北海道的草原认定为雪国的草原的时候，就等同于把它叫作惋惜的草原。是的，这是一片惋惜的大草原，站在最高的山峰上，人们看得见船来船往的鄂霍次克海，却望不穿那片茫茫于山海之间的草原。

这并不是一块纯粹的草原，它甚至于没有一个可以统一称呼的名字。它的中间夹杂着婉转的溪流，牵挽着大大小小的泪眼一样的湖泊，甚至在一些斜斜的山坡上，还有一片一片的整齐划一的蓝紫色的薰衣草田。或者也不仅仅是薰衣草田，还有其他颜色的花田，拼凑在一起，好像一道铺落在大地上的彩虹。这样的草原，它的风格是唯美而凄迷的，以至于人们对着它，不忍心再提起什么煞风景的畜牧业和牛马羊的事情。它像是一幅存在于肃穆的天地之间的神圣画卷，注定要摆脱人世间一切庸俗的世事和卑污的思想，它的面貌也注定要像善良又懦弱的人那样积极又无奈。

这是一种难以有人给它帮助的惋惜，在北海道的草原上，谁都会觉得难以排解心上潜藏的忧伤，这忧伤不是草原加给你的，而是你从你过去的生活，过去的记忆里面获得的。这像是伤风一样的疾病，而北海道的草原，雪国的草原不是治疗这种疾病的地方，相反，它会加重你对过去的渴念，加重对某个人的相思，加重对一件再也无追回可能的事情的懊恼，北海道的草原就是这样奇怪，它不是一束暖烘烘的阳光，也不是一口冰冷冷的泉水，它是一缕在人们的视线里唤起迷惑的烟，是一簇闪过就熄灭了的火焰。它消失的形状藏匿在何处？离开了的光亮它又将赶往哪里？

而当北海道又下起了雪，又成为着素装的雪国。届时，再看北海道的草原，一片白茫茫的世界，似有似无。

苏门答腊雨林

在东南亚绵延数万里的海岸线上，苏门答腊雨林渐渐远去了，在暮色渐近的潮起潮落间，咸水鳄依然穿梭在神秘的红树林中，而长鼻猴也悠闲地在树根和淤泥之间觅食，还有擅长捕蟹的长尾猕猴，用自己的尾巴引诱洞中的螃蟹。这一切是那么自然和谐，而这些是永远属于海的，是属于苏门答腊的。

苏门答腊雨林西临印度洋，东部接马六甲海峡，与马来西亚隔海相望，独特的地理条件以及苏门答腊岛上多种族遗留的宝贵文化遗产，孕育出繁荣的生态系统和丰富多变的自然景观，苏门答腊雨林也因此成为一个优雅而不失绚丽的地方。

往雨林的边缘走去，可以观赏到惊心动魄的"拍岸浪"，这是从印度洋袭来的高空海浪，两三排海浪有力地向前推进，可以把前方的渔船打翻，将小树连根拔起。由于"印度洋拍岸浪"在作怪，苏门答腊似乎没有天然的海港，即便是人工的港口也不太平。

多个民族共同生活在苏门答腊雨林地区，他们拥有自己的语言、民族传统和个性的服装。其中巴塔克族特有的小型建筑巴塔克屋造型独特，很多人纷纷慕名前来参观。在岛上，到处可见尖顶的基督教堂，这一地区的基督教徒人数居印度尼西亚各岛首位，其中巴塔克教堂是印度尼西亚最大的教堂。

在苏门答腊，往往在不知不觉中便开始了别具一格的探险之旅。沿着开阔宽敞的走廊穿梭在岛上的小型机场，斜拉的屋顶中央有巨大的方形突起来，在苏门答腊尽是这样的房屋，不开空调也很凉爽。

在公路两旁，大片茂密的森林中间有简单的房屋，还有一片当地人引以为豪的棕榈树，可以用来提炼棕榈油，路边有一些小摊点就专门销售提炼出的棕榈油。沿着公路旁的输油管道便可通往森林深处的炼油厂。

苏门答腊雨林的燕窝是断然不能错过的。东南亚的金丝燕只适合在热带繁

衍，而苏门答腊的气候正好适合金丝燕的生息。据说以前燕窝都是在岩洞里采摘的，那样虽然比较有野生的特质，但既不环保，也不安全。最初发明燕屋的是在苏门答腊雨林侨居的华人，一般燕屋都安排在楼阁的顶楼，将门窗全部锁住，也许是怕金丝燕飞错了地方。

当夕阳西下的暮霭降临到地面，金丝燕成群结队地飞回燕屋，燕子发出的轻声鸣叫和当地清真寺召唤礼拜的诵经声传到耳畔，仿佛身处鸟的世界。远远的，似乎听见了《古兰经》上的虔诚经文："天地的创造，昼夜的轮流，利人航海的船舶，真主从云中降下雨水，借它而使已死的大地复生，并在大地上散布各种动物，与风向的改变，天地间受制的云，对于能了解的人看来，此中确有许多迹象。"

不管是性情温柔还是刚烈，不管是平实还是浪漫，人们在苏门答腊总爱喝上两口咖啡。对于苏门答腊的咖啡，有人喜欢品其中的苦涩，有人喜欢享受苦涩后的余香，还有人只是喜欢闻咖啡的特殊香味，这便是苏门答腊的咖啡情结。经常喝咖啡的人也许以为牙买加的蓝山咖啡是世界上最贵的咖啡，但是来到苏门答腊才知道，产自苏门答腊的咖啡豆就要300美元一磅。

这种咖啡不是徒有虚名，名叫麝香猫咖啡。麝香猫生活在苏门答腊雨林北部，喜食野生咖啡的果实，而且能将不消化的咖啡豆排出体外。麝香猫体内的消化系统有一种神奇的酵素，这种酵素可以分解出很多氨基酸，而氨基酸能使排泄出来的咖啡豆有一种独特的苦涩和香味，所以这种咖啡又叫猫屎咖啡。经过这么特别的发酵过程后的咖啡豆，风味和一般的咖啡豆决然不同，这些混在排泄物中的咖啡豆，经过冲洗以及去壳后，可以煮出芳香浓郁的上等咖啡。

这是一个人杰地灵的地方，不但拥有诱人的自然景观，也拥有丰富的艺术内涵。这里生活着淳朴而善良的人们，所以一提到苏门答腊，人们首先想到的就是，到农家小院走一走，看一看。苏门答腊是梦想的天堂，幅员辽阔而拥有浓密的原始热带雨林，生机盎然的苍翠高山，激流湍急的深谷溪流，晶莹透彻的湖泊，野性十足但并不剽悍的珍稀禽兽以及百里飘香的蔬果花卉，这些得天独厚的自然美景让前来探访的游人目不暇接，深深地赞叹和感谢大自然的华贵恩赐。

苏门答腊岛是一座优美迷人的岛屿，从任何角度看到的雨林都是青翠欲滴，各种热带植物因火山喷发的矿物质而茁壮成长，到处生机盎然。无论是城镇还是乡间的田垄都沉浸在绿色的氛围中，波平如镜的河面上倒映着碧蓝的天空和苍翠的古柏青松，绿色的原始森林和蔚蓝的天空构成一幅无与伦比的风情画卷，定格成苏门答腊雨林亘古不变的风景。

亚马孙雨林

站在万里晴空之下的甲板上，打开照相机对着远处即将到达的绿洲亚马孙雨林按下快门，两条巨大的河豚不时露出黑色的脊背，逍遥自在地在广阔的河水中沉浮，时隐时现。

沿着内格罗河，顺流而下62千米，便抵达与索里芒斯河的交汇处。黑色的内格罗河水与黄色的索里芒斯河水交汇在一起却不融为一体，黑、黄两色的浩瀚河水泾渭分明地相伴而行数十千米后才融为一体，这种怪异的景色令人不禁叫绝。内格罗河与索里芒斯河是亚马孙河的两条支流，虽然是支流，河面却宽阔如大海一般，气势磅礴。河边绿树连绵，无边无际。

继续前行，几只印第安人驾驶的独木槽舟漂游而来。独木舟体型细长，由两人划桨的小舟行至岸边，靠在密林边用原木搭起的小码头。两位肤色黝黑的青年男子箭步登上码头，走进用木板撑起的独门无窗的小屋。这莽莽原始森林中沿河岸而居住的极少数原始居民的简陋小屋看似简单，却与周围的环境极为相称。

亚马孙雨林是神秘的同时也是富有的，那些叫不出名字的热带树木铺天盖

地，其中最高的树木达 60 米。在这浩渺无边的雨林，3 亿多公顷的面积占据了全球热带雨林的 1/3 以上。亚马孙雨林被誉为"地球之肺"，吸入的是二氧化碳，呼出的却是氧气，所产生的氧气，约占全球氧气的 20%。而在这片土地上，生长着全球 2/3 的热带植物和大约 5 万种动物。

到亚马孙雨林参观，不要错过坐落在亚马孙雨林中的卡拉雅斯露天铁矿，偌大的露天采矿场，像一个巨大的足球场，载量达数十吨的采矿车从矿场的底部沿着梯田式的道路，将铁矿运送到不远处的存料场，一派忙碌的景象与雨林中的悠然自得形成了鲜明的对比。

顺着一条在水上用木板搭起的小路钻入高大的绿色丛林，如果能遇见一个明镜一般的湖泊，便可欣赏到湖面上漂浮的亚马孙特有的睡莲。睡莲的叶子呈圆形，硕大如伞一般。莲叶上有尖刺，叶子很厚，据说在叶上站一个人仍可安然浮在水面上。

观赏完睡莲，约几个要好的朋友乘坐小木船，在马达声的伴奏下疾速向雨林深处开去。船越向前行驶，树木越密。所以在船上需低头才能躲过树枝的阻挡。在密林深处，可以看到打扮怪异的印第安人，他们将小船拴到树上，手抱着被绳索缠紧了嘴巴的大鳄鱼。不知何时有七八个光着脊背的印第安小孩，将巨蟒缠在身上，手托吐着芯子的蟒蛇头部，招揽游人与之合影，讨取小费。有趣的是，亚马孙雨林中有种叫树懒的动物，一年到头前臂抱树，生活在树上，以树叶为食。还有一种动物叫獾熊，嘴尖尾长，褐色的长毛又浓又密，颇似狗獾。獾熊十分可爱，不怕人，成群地围着游客，双脚立在地面上向游客索要食物。

一般去亚马孙雨林都是沿着早已开辟好的旅游线路漫游，事实上并无太大惊险。蔚蓝的天空，郁郁葱葱的热带丛林伴着莺歌燕舞，雨林的热带风光旖旎多姿，令人流连忘返。当然如果是为了探险，可以独自一人或者两三个人结伴而行去雨林中的非旅游区，林中的吸血蚊虫和凶猛的野兽让人不寒而栗。

乘坐只能容纳 5 人的直升机从高空俯瞰亚马孙雨林，视野里的雨林就像无数绿色树叶铺成的辽阔的绿色地毯，无边无际，令人心驰神往，亚马孙河无数大大小小的支流蜿蜒其间，煞是迷人。

空中鸟瞰雨林之后，将直升机降落在林中的一块空地上，虽然雨林中小雨不断，地面还有些泥泞，但并不影响飞机的降落。雨林附近还有一片人工种植的椰树林，这时可以驾驶汽车驶进椰树林。椰树并不高，有两三米，非常整齐地排列在一块一块的长方形的田地里，仿佛正在接受严格的军训。

亚马孙雨林总给人一种强有力的威慑，使人尚未接近就已经臣服于它。在离开的时候，这么一个让人情不自禁地用心游览的地方，总让人恋恋不舍，因为它是神秘的、壮观的、热烈的亚马孙。

千年古树群落

在西藏的重要林区、绿蓝清澈的尼洋河畔，距林芝县以西十多千米的巴结乡西南坡上，有一百多亩苍青翠绿、多世同堂、盛大繁茂的巨柏家族，它的"小辈"虽仅出生几个春秋，"长者"却有近几千年的历史。它们是祖先留下来的珍贵的"活化石"。这里的古树群落神奇到甚至连太阳黑子的活动规律也能从年轮中反映出来。无怪乎有人称，一株古树就等于是一部千年史书。巨柏为什么这么长寿，至今仍然苍劲挺拔，果实累累呢？这其中的秘密如同古树的年龄一样，深不可测。

巨柏自然保护点所在的尼洋河流域，山崖陡峭、地形复杂，尼洋河顺着蜿蜒的山谷由西向东南迤逦而行奔腾不息，两侧山峰林立，气势雄伟，多为海拔5000米以上的高山围绕的狭窄谷地，只在东南端与雅鲁藏布江交汇处有一缺口，潮湿的季风气候得以逆流而上。整个大气候受这种季风气候影响，分布着大面积繁茂的原始森林。

在大地形气候之内，由于局部小地形的变化，地理空间水热条件又被重新分配。南坡较北坡光照强，日照时间长，温度高，蒸发量大，土壤的物理作用和化学作用都较强烈，土壤有机质积累少，较北坡干旱贫瘠，加之坡度的影响，南北坡的自然环境条件有其明显的差别。植物种类随着环境条件的不同，各自占领其适宜的地盘。尼洋河中下游的北坡、东北坡多分布着郁郁葱葱的针叶、阔叶原始森林，南坡却多为稀疏、喜暖、喜光、耐旱的疏林灌丛，巨柏自然保护点就位于这样的南坡上。

"山不在高，有仙则名，海不在深，有龙则灵"。远眺山麓的巨柏群，面积不大，但步入林中却参天蔽日，苍翠葱郁，林涛阵阵，鸦啼蝉鸣，蜂拥蝶舞，看那老少巨柏，亭亭玉立，株株挺秀，好一派壮观的气势。

巨柏也称雅鲁藏布江柏木，藏语称"秀柏"，是裸子植物中柏科家族的一个分支，柏木属的一种。柏树家族在世界上有 22 个属、150 种，我国有 8 属 30 种 6 变种。西藏生长着侧柏、柏木、圆柏和刺柏等 4 属，共 12 种，2 变种，占西藏森林总面积的 8.5%。柏科家族在裸子植物中，适应性最强，分布最广，几乎遍布于地球上凡是能生存乔木的地区。在西藏以藏东横断山区北部海拔 3200～4300 米的山地阳坡为集中分布地区。

巨柏是西藏的特有树种，分布于雅鲁藏布江河谷朗县至米林附近的沿江地段，以及其支流尼洋河下游林芝波密（易贡）等地海拔 3000～3400 米江边的阳坡、半阳坡，开阔的谷地、有石灰岩露头的阶地，以及山麓坡地。巨柏生于降水集中在 6～9 月份，降水量不足 500 毫米、年平均气温 8.4℃，绝对最低气温 -15.3℃，相对湿度 65% 以下，冬季多西风的气候，中性偏碱的沙质土上。巨柏在雅鲁藏布江两岸有时成为天然的护岸林，有人曾根据这种"护岸林"距离现在江面的高度与巨柏的年龄来推算河床的下切速度和地质的变化。巨柏以及它的家族，以长寿的特点和特有的生物学特性，获得了其他树木家族难以生活的场所，深得人们敬重。

巨柏树冠庞大挺立，侧枝健壮发达，树皮常纵裂成条状，生鳞叶的枝排列紧密粗壮，球果短圆状球形，有好几对种鳞，背部中央有明显凸起的尖头。果实当年传粉受精，翌年秋后成熟，之后种鳞张开，种子露出。巨柏木材优良，纹理辉丽有光泽，坚韧耐用，经久不腐，且有香气，广为藏族群众喜爱。此外柏木也可供建筑、桥梁、造船、家具、体育、文化用具等方面利用，枝叶可提取芳香精，种子可榨油，治疗心悸、失眠和健忘症，树皮还可以提取栲胶。别看巨柏已达数千年高龄，但它的种子仍可供人们播种、繁育、延续后代。巨柏简直浑身都是宝，但它的分布范围较为狭小，只有我国西藏的尼洋一小块森林里有生长。

据调查和资料记载，保护点内有一株巨柏是我国天然生存柏科家族中树龄最长、直径最大的巨树，高达 50 米，胸围粗达 1800 厘米，十几人环抱而不能围拢，被誉为巨柏王。巨柏的生长极其缓慢，有人曾在保护点数过部分倒木的年轮，500 百多年直径仅达 40 多厘米。据推算，巨柏王寿命至少已达 2500 年以上。如果将长寿而著名的"汉柏""唐柏"与其相比，它们简直是巨柏王的"儿孙"了！巨柏王至今仍然苍劲挺拔，气势雄伟，生气勃勃，果实累累。正因为如此，当地和昌都地区一带的群众把它奉为"神树"，甚至有人常围绕它转几圈，一是表示敬仰，再就是以图添福增寿。这个巨柏王的生命力委实强大，但是谁也说不出其中的奥妙。

巨柏倒木横切面上，可以看到有一圈圈的木质层，这些呈同心圆的圈，是巨柏的生长期与一年四季相吻合的结果。每年木材形成层向内生长一层，林学上叫"年轮"。一般情况下，有多少个年轮，就可断定在这个切面上已生长了多少年，有时在树木生长季节内因遭受病虫，火灾霜冻或干旱等自然灾害，迫使巨柏的生长暂时中断，如果灾情不重，经过短时期恢复又会重新生长，这样形成的界线不如正常年轮明显，而为圆圈不完整的假年轮。所以人们可以根据年轮的宽窄，推论出哪一个时期风调雨顺，气候适宜或雨水稀少，天旱无雨或气温过高过低等自然灾害。

国内外许多科学工作者，通过研究古树的年轮，发现它所记录的近百年气候变化，竟与现有文字记录相吻合。因此，树木气象学随着人们对年轮的深入研究而作为新的学科产生了，这对天气的长期预报有着重要的意义。在分析年轮时，每一个年轮之内，靠里面的一部分是每年生长季节旺盛期形成的，颜色

较浅，质地较松软，所占宽度比例较大，称早材，靠外面的一部分是生长季节晚期形成的，材色较深，质地较硬，称晚材。林业科学家们根据年轮，可识别木材质量。

巨柏大部分是稀疏零星地分布着，唯有巴结巨柏保护点和附近山坡保留有小片较高大、古老完整的纯林。在保护点内，巨柏的存在，为成群的国家二类保护鸟小绯胸鹦鹉创造了良好的栖息环境和食物源地。它们常以巨柏种子为食，巨柏林为宿，于是就成了这里的主人。小绯胸鹦鹉翼下覆羽为绿色，体形比大绯胸鹦鹉小，它常在巨柏林中放声歌唱，在巨柏上空展翅飞翔。巨柏林下基本上没有别的大乔木生长，伴随主体生长的林下植物有高山栎、山柳、鼠李、小檗、绣线菊、锦鸡儿、黄花木、白枝刺泡、蔷薇、醉鱼草、素馨、珍珠梅、金丝桃和独活、柴胡、天南星、银莲花、黄精等药材。随着春、夏、秋、冬植物气候的变化，它们的花、果、枝、叶，也以不断变化的颜色为巨柏保护点增添了绚丽的光彩。

这些古树历尽沧桑，阅尽人间春光，在漫长的生活道路上为我们记载了几千年的自然历史，是一个不寻常的记忆库。在这个记忆库中储藏着非常丰富的信息，给今天的人们提供了文字未曾记录下来的大量资料，引起人们提出很多有价值的疑问，也给人们在植物、气候、地理、地质、水文、空气污染等方面提供了重要的参考依据。

昆士兰雨林

曾经有位诗人在诗句中写道：如果你向往无拘无束，向往野性十足的大自然，向往绚烂的艳阳，向往海滩的自由，向往热带雨林的神秘，向往追寻刺激的快感，那么，你一定要到昆士兰雨林去。

如果没有到达阳光之州昆士兰雨林，任何一个造访澳洲的旅程都会是不完整的。昆士兰北部因静谧的岛屿、大堡礁、热带雨林和棕榈湾而光芒四射，而南部的黄金海岸则因其举世闻名的动感无限的主题公园、冲浪海滩以及宁静的雨林等成为澳大利亚最负盛名的旅游胜地。在澳洲诸多景色当中，昆士兰雨林被公认为是最有大自然味道的地方。来到这里，需要做的就是亲近大自然，用整个身心去聆听这天籁般的美妙之声。

几百万年以前的火山运动，1.5万年珊瑚礁的缓慢成长，成就了昆士兰雨林。昆士兰雨林展示着澳大利亚最美丽的一面，有引人入胜的海滩、浪漫闲适的海岛和丰富多样的自然景观。人们懒洋洋地躺在沙滩上晒太阳，或者乘坐帆船，航行到大海深处去看珊瑚。五颜六色的海洋鱼儿成群地围绕在美丽壮观的珊瑚礁旁，构成了海下的神秘世界，让人不禁想起西游记中的海底神宫。

来到昆士兰雨林就一定要去探一次险，在雨林上空，乘坐世界上最长的穿越雨林的缆车，一路从巴伦峡谷国家公园的树冠层上面慢慢滑过，脚下就是一个壮观的动植物博物馆，甚至可以看到濒临灭绝的麝香袋鼠和食火鸡。

澳洲人是崇尚运动的，不要说海滩上常见的冲浪，也不要说富于挑战性的潜水，在昆士兰雨林，还有很多独特的运动可以去体验。在清晨时分，乘坐热气球飞上数十米高的天空，俯瞰地面上的一切。其次是自驾越野车探险，深入神秘的热带雨林，与无数不知名的野生动物打成一片，或者去钻山洞，去海底寻找迷离而舒畅的感觉。山林、城市、海滩、海岛以及雨林中，处处都有高尔夫球场，在这里可以体验一下畅快的挥杆之乐。在一些高尔夫球场上，有时候鹦鹉和袋鼠会比打球者还多。

如果到过昆士兰雨林，就会明白阳光对于人的意义，当地人常说：阳光是属于昆士兰雨林的。置身于昆士兰雨林，就会理解这里的人们对阳光的热爱是多么强烈。由于地球的南回归线从昆士兰雨林中间越过，使得昆士兰雨林阳光明媚，气候温暖湿润，因而被称为"阳光之州"。

如果非要在整个澳洲找出一个阳光最灿烂的地方，那么非昆士兰雨林莫属。特别是在昆士兰雨林濒临南太平洋的东海岸，阳光充沛灿烂，照耀着长长海岸

线上金色的沙滩和湛蓝的大海，透明海水中的彩色珊瑚熠熠闪光。由棕榈树环绕的昆士兰雨林，背倚巍峨的高山，茂密的雨林遍及四周并且延伸到海的沿岸。

旅行家往往将昆士兰雨林作为一次漫长旅行的起点，穿梭在林间的崎岖小路上，还能到路旁别致的小木屋休息片刻，虽然比不上大都市的华美，却自有一番情趣，与大堡礁等自然奇景相映成趣。从雨林中最干净的步行道往前走，途经气势磅礴的瀑布和潺潺的溪流，时而有世界上最古老的羊齿类植物和脊椎动物出现在丛林中，周围的一切寂静而神秘，仿佛不愿向世人炫耀其古老的历史。

要真正走进昆士兰，仅仅用眼睛和耳朵是不够的，还要用心。走在雨后的雨林，泥泞的小路虽然比较湿滑，却带着一股清新的泥土香。当簌簌的秋风从山林深处款款而来，仿佛一位妙龄少女悄悄走过你的身旁。雨后的阳光并不刺眼，似乎可以听见不远处接踵而至的脚步声，还有花草发芽的声音，或许还有芦苇抽穗的声音，似乎又在瞬间寂然无声，总之那感觉是属于春天的，而昆士兰也应该是属于春天的。

江河湖泊大观

美妙的世界总少不了神奇的景观，而江河湖泊这些水域世界往往是引起人们联想最多的地方。神奇的水域世界会呈现给我们怎样的奇观呢？让我们一起欣赏一下吧。

火山口湖

在 7000 多年前，火山爆发之后形成了一个大洞穴，每年河水、雨水灌注其中，形成一个极特殊的火山口湖。火山口湖位于俄勒冈州东南部，每年 11 月因积水太深而封闭，第二年 5 月再开放。火山口湖风景优美，湖水湛蓝。倒映在水中的云彩别有一番韵味，湛蓝的火山口湖，让人看了就再也忘不掉。

由于火山多次喷发，形成很多火山锥，有一部分露出湖面形成小岛。其中最大的是高出湖水面 213 米的威扎德岛。湖的周边为高 150～600 米的熔岩峭壁，火山岩经风化后呈各种形状。湖区松树、杉林茂密，夏季野花丛生。

火山口湖国家公园内有好几条步行道，人们一般选择较短或较特别的一条。在这里步行游览，最好穿登山鞋，走起来会很轻松。一路下坡，路上尘土飞扬，路边的花草也都蒙尘。湖边有一个小码头，可供船只停泊。湖边有许多游客，大人小孩都有，有的下水游泳；但更多的只是在湖边脱下鞋，把双脚浸泡在清凉的湖水中。湖水虽然较冷，但岸上阳光灿烂，换上泳衣走进湖中，凉凉的，却令人莫名的兴奋。湖水清澈见底，却见不到鱼。

两个面积很小的岛屿像珍珠一样点缀在湖面上，女巫岛在岛的正中央，整座岛呈现圆锥形，远远看去像童话中巫婆的帽子。幽灵船岛则像是从远方漂流而来的船，尖柱和针叶树构成了船桅、船帆和索具。只有在天气晴朗时才看得清楚，幽灵船岛像幽灵一般若隐若现，从高处眺时，宛若湖中的小斑点，但如果置身于岛中，常常会因为岛上众多的美景而眼花缭乱。

登上瞭望塔，太阳正要西下，从塔上遥遥看去，远处的山脉呈现不同的蓝色和灰色，在火红的夕阳下，天空更加灿烂夺目。相对于绚烂的彩霞，暮色下的火山口湖则愈发寂静，沉默地酝酿着芬芳，这是火山口湖一天中最美的时刻。

蓝色多瑙河

多瑙河发源于德国西南部黑林山东麓海拔 679 米的地方，自西向东流经德国、奥地利、斯洛伐克、匈牙利、克罗地亚、塞尔维亚、保加利亚、罗马尼亚、乌克兰等 9 个国家后，注入黑海，是世界上干流流经国家最多的河流。多瑙河全长 2850 千米，流域面积 81.7 万平方千米，是欧洲仅次于伏尔加河的第二大河。

从源头到维也纳是多瑙河的上游，多瑙河在这里接纳了几条源自阿尔卑斯山融雪的支流后水量大增。这里山清水秀，一派田园风光。

从维也纳到铁门是河流的中游，这里的河谷一般较宽，河床坡度不大，河道弯曲，多河汊，湍急的水流切穿坚硬的花岗岩，形成一个接一个的险峻峡谷，最著名的是卡特拉克塔峡谷。这个峡谷从西端的腊姆到东端的克拉多伏，包括卡桑峡、铁门峡等一系列峡谷，全长 144 千米，首尾水位差近 30 米。峡谷内多瑙河的最窄处约 100 米，仅及入峡前河宽的

1/6，而深度则由平均 4 米增至 50 米。此地陡崖壁立，水争一门，河水滚滚，奔腾咆哮，是多瑙河著名的天险之地。

自铁门以下至入海口为河流的下游。下游河段宽阔，水流平稳，接近河口时宽达 15～28 千米，航运十分发达。多瑙河三角洲不仅盛产芦苇，还有大量的鸟类和奇特的浮岛，因此科学家们称其为"欧洲最大的地质、生物实验室"。

多瑙河常被称为"蓝色的多瑙河"，其实它是一条多彩的河。它的河水在一年中要变换 8 种颜色：6 天是棕色的，55 天是浊黄色的，38 天是浊绿色的，49 天是鲜绿色的，47 天是草绿色的，24 天是铁青色的，109 天是宝石绿色的，37 天是深绿色的。

多瑙河为什么会变色呢？一些地理学家针对这种神奇的现象，对多瑙河的河水进行了长期的科学考察，认为变色的原因很有可能是河流本身的曲折多变。

从多瑙河发源地到黑海入海口，直线距离不过 1700 千米，而它却多走了 1100 多千米。究其原因，在多瑙河形成之初，欧洲大陆上布满了星罗棋布的盆地，河流对盆地进行长年累月的侵蚀切割，最终连接成了单一的水系。盆地深浅不同，整条多瑙河的水量分布也极不均匀，有的河段干涸无水，有的河段深度超过 50 米。有时河水还会通过深深的地表裂缝渗入地下，然后又从下游的另一个地方流出。这样，河水中混杂着大量的地下物质并发生了复杂的化学变化。水深的差异、地下伏流的存在以及酸碱度的不均匀，在一定条件下就引起了河水颜色的变化。

黄　河

　　黄河发源于青海省巴颜喀拉山北麓的约古宗列渠，呈"几"字形，流经青海、四川、甘肃、宁夏、内蒙古、陕西、山西、河南及山东9个省、自治区，向东注入渤海，沿途汇集了40多条主要支流和无数条溪川，流域面积达75万多平方千米。

　　黄河是世界上含沙量最大的河流，素有"一碗水，半碗沙"之说。

　　在黄河中游，黄土高原土质松散，又多暴雨，所以水土流失非常严重，大量泥沙流入黄河。尤其是夏季，雨水集中，暴雨冲刷黄土，河水变成泥流，滚滚东去，黄河从这里开始泛黄。黄河每年从中游带进河中的泥沙有16亿吨，相当于长江的68倍。其中，12亿吨泥沙被带进大海，4亿吨就沉积在黄河河道中。

　　黄河下游，河道宽阔，水流缓慢，中游带来的泥沙淤积在河床中，年复一年，泥沙不断淤积，黄河的河床不断垫高，在下游形成"地上河"。在古都开封段，黄河河岸高出两岸的平地达10米以上，好像悬在空中，因此，此段黄河又称为"悬河"。每到洪水季节很容易决口，造成大水灾。

　　民间素来就有"九曲黄河十八弯"之说。所谓"九曲黄河十八弯"只是一种概数说法，用来形容河套平原上黄河的曲折。黄河由巴颜喀拉山发源后，自青藏高原一路向东南流去。行至玛曲时，遇到了来自四川北部高山的阻挡，于是河水掉头流向西北，形成了罕见的180°大转弯，重新回归青海省。所以这被

称做黄河第一曲,玛曲也就被称为了"黄河首曲"。"玛曲"在藏语中就是黄河的意思。

在1万多平方千米的玛曲草原上,黄河自西南入境,从西北出境,形成九曲中的第一大弯曲。从空中俯瞰,黄河就像一条玉带飘过草原,流向无尽的远方。出了玛曲县城,便可到达玛曲黄河大桥。因为拐弯,黄河水变成了从东向西流,故又称"黄河水倒流"。站在玛曲黄河桥上俯瞰母亲河,在宽广的河面上,黄浊的河水奔流而去。"V"字形的河道环抱着玛曲草原,雪山与湖泊相交错,令人流连忘返。

的的喀喀湖

充满神话的的的喀喀湖是安第斯山闻名遐迩的湖泊,也是世界上海拔最高的可通航大湖。在印加时代,的的喀喀湖被当地人视为"圣湖",至今仍保存有印加时代的神庙遗迹,而昔日的宫殿虽然久经风雨的冲蚀,依然焕发出神圣而华贵的光芒。

在印第安人的语言中,的的喀喀湖意为"美洲豹的山崖",这是因为湖中有日岛、月岛等51个面积不同的岛屿,从远处看仿佛美洲豹身上的斑点。在这些岛屿周围,环绕着壮丽的群山,山顶常年积雪,雪一旦融化,从山顶流下无数条小溪汇入的的喀喀湖。位于玻利维亚境内的太阳岛、月亮岛似绚烂的鲜花盛开在碧波荡漾的的的喀喀湖中,散发着醉人的魅力。

在秘鲁境内的埃斯特维斯岛上有新建的旅游饭店,在此观赏湖光山色,颇有一番情趣。从这里看湖中漂浮的小岛,也许会怀疑自己的眼前是幻觉,因为那些小岛在缓缓地移动!这些微型的小岛是用当地生长的芦苇和香蒲草捆扎而成的,浮力要比竹筏大得多。在上面搭建起简单的小屋便可居住几户人家。的的喀喀湖一带的印第安乌罗族就居住在这种浮动小岛上,还在上面种植了一些蔬菜。他们以捕鱼为生,平时出去打鱼也是以香蒲草扎起来的小船作为交通工具。这种小船名叫"淘淘拉"，大约 2 米长，可以载四五个人在湖中漂浮。

事实上当地人的生活是异常艰苦的，但作为游人来此休闲度假，那便拥有另一种快乐了。试想，白天坐在"淘淘拉"中，徜徉在醉人的的的喀喀湖上，傍晚时候撑一支鱼竿享受姜太公钓鱼般的乐趣，夜晚睡在香蒲草扎成的小屋里，或仰望满天星辰，真是非仙而胜于仙也。

在的的喀喀湖东南 21 千米处有古印第安文化遗址，坐落在环湖的小镇上。其中在蒂亚瓦拉科文化遗址中可以看到许多巨大的石像和石柱，在琳琅满目的古迹中，最著名的要数雨神"维提科恰"的石塑像和太阳门了，那是用整块巨石雕琢而成的门，门上有被太阳光线围着的人形浅浮雕。紧挨着太阳门有座类似祭坛的长方体台式建筑，据说是为了祭祀古代印加帝国太阳神而建的。

的的喀喀湖中心位置的小岛塔丘勒风景秀丽，简朴的石拱门竟和意大利的西西里有几分神似。岛上到处可见穿着奇特的塔丘勒人，和别处不同，这里的男人做针织活儿，塔丘勒的男人们都骄傲地戴着自己织的长绒线帽。他们的帽子是有讲究的，如果帽子是全红的，就说明他已经结婚，如果帽子是红白二色相间，就表示他依然单身。帽子的不同的花色代表塔丘勒人不同的身份地位。但塔丘勒的女人却从不戴帽子，她们喜欢用一块大大的披巾来遮挡阳光，宽大的披巾，百褶裙蓬松而飘逸，裙裾飞扬。行走在如诗如画的塔丘勒岛上，这里的女子有种出世的美，美得让人不敢相信是尘世的女子。

乘小艇漫游在的的喀喀湖湛蓝开阔的湖面，吹拂着清冽的晨风，湖水泛着炫目的粼光，充满了神秘色彩的行程已经开始。

伏尔加河

内陆河又称内流河，是指不流入海洋的河流。它多分布于大陆内部的干旱地区，因降雨少，沿河蒸发量大，河水多消失于沙漠或注入内陆湖盆。

伏尔加河就是这样的河流，它发源于俄罗斯西北部东欧平原西部的瓦尔代丘陵，自北向南曲折流经俄罗斯平原的中部，最终注入里海。它沿途接纳了200余条支流，其中最主要的支流是奥卡河和卡马河。伏尔加河是世界上最长的内陆河，全长3690千米，流域面积达1365平方千米。

伏尔加河还是一条典型的平原型河流。源头海拔只有204米，最后河口处低于海平面28米，总落差仅有200多米。落差虽小，但每一段景观却各不相同。在北段的萨马拉城附近，峡谷两岸是长满苍松翠柏的高山险崖。出了峡谷，弯个大弧进入辽阔的平原，那里常有成百上千匹野马，在河边觅食、奔跑。过了萨马拉城，景色渐趋荒凉，到处是夹杂着大小沙砾的旷野，河面逐渐加宽到4800米。南段没有高山峡谷、急流险滩，那里河水平缓，沙滩洁净，不远处的绿树丛中掩映着许多规模不大的东正教教堂。

伏尔加河流域面积达1365平方千米，占东欧平原面积的1/3，是俄罗斯政治、经济、文化的中心地区，被俄罗斯人称为"母亲河"。

伏尔加河流域是俄罗斯最富庶的地方之一。两岸那黑黝黝的神秘莫测的原始泰加林，是俄罗斯资源和财富的象征。森林里有鹿、野猪、松鼠等动物，还有各种鸟。伏尔加河河水灌溉着这些森林，这些森林则像卫士般守护着伏尔加河。森林与伏尔加河构成了一幅幅生机勃勃、多姿多彩的风景画。

伏尔加河航运十分便利，干支流通航里程长达6600多千米，通航支流达70多条，内河货运量占全俄罗斯的2/3，旅客运量占全俄罗斯的一半以上。伏尔加河通过运河连接周围的白海、波罗的海、黑海、亚速海和里海，所以有"五海之河"的美称。此外，伏尔加河流域各河可开发的水能资源总电量约1200万千瓦。伏尔加河和卡马河上已建成的11座梯级水电站的总装机容量占可开发电量的70%。

伏尔加河养育着两岸的人民，孕育了俄罗斯民族。它不仅是俄罗斯文明和灿烂文化的摇篮，还是俄罗斯人民和民族英雄为争取民族独立而多次举行斗争的历史见证。俄罗斯人对伏尔加河的感情，就像中国人对黄河一样，充满了亲切、自豪、感激和崇拜。

尼罗河

尼罗河是埃及的母亲河，它孕育了灿烂的古埃及文明。公元前5世纪，古希腊历史学家希罗多德游历埃及后，曾发出这样的感叹："埃及是尼罗河的赠礼。"

尼罗河全长6740千米，是非洲第一长河。它发源于赤道以南、非洲东部的布隆迪高原之上，自南向北经过卢旺达、坦桑尼亚、肯尼亚、苏丹、埃塞俄比亚和埃及等9个国家，是世界上流经国家最多的国际性河流之一。它贯穿埃及全境（在埃及境内长达1530千米），穿越金色的撒哈拉大沙漠，经过六道湍急的瀑布后，缓缓进入一条狭窄的河谷，然后一路浩浩荡荡地注入地中海。尼罗河流域面积280万平方千米，相当于非洲大陆面积的1/10，大部分在埃及和苏丹境内。在临近入海口的地方，尼罗河分出多条支流，形成扇状，冲出一片土壤肥沃、绿草如茵的三角洲，面积约2.4万平方千米。有7000年历史的埃及文

明，就诞生在这片三角洲谷地中。

几千年来，尼罗河每年 6～10 月定期泛滥。8 月份河水上涨最高时，淹没了河岸两旁的大片田野，之后人们纷纷迁往高处暂住。10 月以后，洪水消退，带来了肥沃的土壤。在这些土壤上，人们栽培了棉花、小麦、水稻等农作物。在干旱的沙漠地区上形成了一条"绿色走廊"。

人们所说的尼罗河，通常是指以苏丹首都喀土穆北部的第六瀑布为起点，到尼罗河入海口之间的部分。再往上，就是大河神秘的源头——白尼罗河与青尼罗河，由于前者柔美婉约，后者粗犷奔放，因此常被人们用"脾气迥异的情人"来形容。

白尼罗河是尼罗河最长的支流，发源于海拔 2621 米的布隆迪群山，经非洲最大的湖——维多利亚湖向北流。它"性格温和"，一路上没有多少激流险滩。苏丹境内气候炎热干燥，火辣辣的太阳又带走了河流近 2/3 的水量，因此一直缓缓流到苏丹南部的白尼罗河"消瘦"了不少。

青尼罗河源于海拔 2000 米的埃塞俄比亚高原。河流一路奔走，在非洲最高的湖泊——塔纳湖处放慢了脚步，在浅滩、礁石中绵延了大约 30 多千米之后，突然急转直下，形成一泻千里的水流，这就是非洲著名的第二大瀑布——梯斯塞特瀑布。接下来，它奔腾 650 千米后，转了一个马蹄形的大弯，最后冲出山谷，闯进苏丹南部平原，与平静的白尼罗河相会，从此才正式称为尼罗河。

青尼罗河提供了尼罗河全部水量的 6/7，每年有 4 个月如脱缰的野马般纵情奔腾，8～9 月的雨季时，青尼罗河水量剧增，使尼罗河每年定期泛滥。

哈纳斯湖

"哈纳斯"是蒙古语,是"峡谷中的湖"的意思。

哈纳斯湖位于中国新疆维吾尔自治区布尔津县境北部,坐落在阿尔泰深山密林中,是一个高山湖泊。

哈纳斯湖湖面海拔1374米,南北长24千米,平均宽1.9千米,湖水最深处达188.5米,面积44.78平方千米。哈纳斯湖面碧波万顷,群峰倒映,湖面还会随着季节和天气的变化而时时变换颜色,是有名的"变色湖"。每至秋季湖边层林尽染,景色如画。

哈纳斯湖形成于距今20多万年前后,是第二次大冰期的巨大复合山谷冰川刨蚀而成的。当时,哈纳斯冰川长达百余千米,冰川厚度为200~300米。冰川缓慢而稳定地退缩,在哈纳斯湖口留下了宽1000多米,高50~70米的终碛垄,而后即迅速地退缩,形成了现在哈纳斯湖的基础。哈纳斯湖区垂直自然景观带非常明显,在湖边就可看到阿尔泰山七个自然景观带的全貌,它们是黑钙土草甸草原带、山地灰黑土针阔叶林带、山地漂灰土针叶林带、亚高山草甸带、高山草甸带、冰沼土带和永久冰雪带。

哈纳斯湖有几大奇观。一是千米枯木长堤,这是哈纳斯湖中的浮木被强劲的谷风吹着逆水上漂,在湖上游形成的;二是湖中有巨型"湖怪"(近年有人认为是当地特产的一种大红鱼),常常将在湖边饮水的马匹拖入水中,给哈纳斯

平添了几分神秘色彩；三是雨过天晴时才有的"峨眉绝景"——哈纳斯云海佛光。

哈纳斯湖比著名的博格达天池整整大 10 倍，最大湖深 188.5 米。除中朝边境的长白山天池（最深 312.7 米）外，它是我国内陆最深的湖泊。

哈纳斯湖四周群山环抱、峰峦叠嶂。整个地区峰顶银装素裹、森林密布、草场繁茂，山坡一片葱绿，湖面碧波荡漾。群山倒映湖中，使蓝天、白云、雪岭、青山与绿水浑然一体，湖光山色美不胜收。这里垂直带谱明显，山巅银光闪烁，现代冰川雄伟壮观。本区冰川面积和冰储量分别占整个阿尔泰山的 74.46% 和 70.08%。

哈纳斯湖会随着季节和天气的变化时时变换着自己的颜色：或湛蓝、或碧绿、或黛绿、或灰白……有时诸色兼备，浓淡相间，成了有名的变色湖。

哈纳斯湖区为寒温带高寒山区，长冬无夏，春、秋相连。7 月的平均气温为 15.9℃，无霜期达 80～108 天，年平均降水量达 1065.4 毫米，空气温凉，非常适宜于寒温带林木的生长。这里是我国寒温带植物种类最多的地区，以挺拔的落叶松、塔形的云杉、苍劲的五针松、秀丽的冷杉，以及婀娜多姿的欧洲山杨、疣枝桦等构成了植被的主体。全区森林覆盖率为 19.4%，在林业用地中，森林更高达 82%。经考查，哈纳斯湖区已知的植物有 83 科 298 属 798 种。这里的新疆五针松、新疆冷杉、灌木柳，以及西伯利亚花楸、接骨木、鹿根、小叶桦、阿尔泰大黄鸡腿参等是中国仅有的分布区。生活在哈纳斯湖区已知的兽类有 39 种，昆虫有 22 目 63 属 224 种。

维多利亚瀑布

维多利亚瀑布是世界最大的瀑布，位于非洲南部赞比西河中游的巴托卡峡谷区，地跨赞比亚和津巴布韦两国。

瀑布落差 106 米，宽约 1800 米，瀑布带所在的巴托卡峡谷绵延长达 130 千米，共有七道峡谷，蜿蜒曲折，成"之"字形，是罕见的天堑。在离瀑布 40～65 千米处，人们可看到升入 300 米高空如云般的水雾；在未见到瀑布前的远方，就能听到水的轰鸣声。当地称该瀑布为"莫西奥图尼亚"，意思是"雷鸣之烟"。

赞比亚的中部高原是一片 300 米厚的玄武熔岩。熔岩是从两亿年前的火山活动中喷出，那时还没有赞比西河。熔岩冷却凝固，出现格状的裂缝，这些裂缝被松软的物质填满，形成一片大致平整的岩席。约在 50 多万年前，赞比西河流过高原，河水流进裂缝，冲刷裂缝的松软填料，形成深沟。河水不断涌入，激荡轰鸣，直至在较低的边缘处找到溢出口，注进一个峡谷。这就是第一条瀑布的形成过程。这一过程并没有就此结束，在瀑布口下泻的河水逐渐把岩石边缘最脆弱的地方冲刷掉。河水不断地侵蚀断层，把河床向上游深切，形成与原来峡谷成斜角的新峡谷。河流一步步往后斜切，遇到另一条东西走向的裂缝，把里面的松软填料冲刷掉。整条河流沿着格状裂缝往后冲刷，在瀑布下游形成"之"字形峡谷网。

赞比西河接近瀑布时，河水在巴托卡峡谷突然折转向南，从悬崖边缘下泻，形成一条长长的白练，以无法想象的磅礴之势翻腾怒吼，飞泻至狭窄嶙峋的陡峭深谷中。整个瀑布被巴托卡峡谷上端水面的四个岛屿划分为五段。最西一段被称为魔鬼瀑布，此瀑布以排山倒海之势，直落深谷，轰鸣声震耳欲聋。该地段宽度只有三十多米，水流湍急，即使旱季也不减其气势。与魔鬼瀑布相邻的是主瀑布，流量最大，高约 93 米，中间有一条缝隙。主瀑布东边是南玛卡布瓦

岛，旧名利文斯敦岛。因当年英国传教士利文斯敦乘独木舟到达此岛而得名。而南玛卡布瓦岛东边的一段瀑布被称作"马蹄瀑布"。再往东去，是维多利亚大瀑布的最高段，在此段峡谷之间，水雾飞溅，经常会出现绚丽的七色彩虹，被称为"彩虹瀑布"。维多利亚大瀑布最东面是"东瀑布"，它在旱季时往往是陡崖峭壁，雨季才挂满千万条素练般的瀑布。大瀑布的第一道峡谷东侧，有一条南北走向的峡谷，峡谷宽仅60多米。整个赞比西河的巨流就从这个峡谷中翻滚呼啸狂奔而出。峡谷的终点，被称作"沸腾锅"。这里的河水宛如沸腾的怒涛，在天然的"大锅"中翻滚咆哮，水沫腾空达300米高。

峡谷东部有处景观叫"刀尖角"，是突出于峡谷之中的三角形半岛，该地中途骤然收窄，直至成刀尖点。从刀尖角到对岸有三十多米的间隔，在1969年建有一座宽2米的小铁桥用来沟通峡谷两岸。铁桥飞架在急流之上，名叫"刀刃桥"。这是一处令人心惊胆战的最佳观景点。漫天的巨涛从前面扑来，万丈巨崖都在抖动，不但壮丽，而且震撼人心。

居住在维多利亚瀑布附近的科鲁鲁族人，心中对维多利亚瀑布充满了恐惧之情，都不敢靠近它。与之相反，邻近的汤加族人则视瀑布为神物，他们每年都在其附近举行活动。

恒　河

　　从长度来看，恒河算不上世界名河，但她却是古今中外闻名的世界名川。她用丰沛的河水哺育着两岸的土地，给沿岸人民以舟楫之便和灌溉之利，用肥沃的泥土冲积成辽阔的恒河平原和三角洲，勤劳的恒河流域人民世世代代在这里劳动生息，创造出世界古代史上著名的印度文明。历史学家、考古学家的足迹遍布恒河两岸，诗人歌手行吟河畔。至今，这里仍是印度、孟加拉国的精粹所在，尤其是恒河中上游，是经济文化最发达、人口最稠密的地区。恒河、印度人民尊称它为"圣河"和"印度的母亲"，众多的神话故事和宗教传说构成了恒河两岸独特的风土人情。在印度神话中，恒河原是一位女神，是希马华特（意为雪王）的公主，为滋润大地、解救民众而下凡人间。女神即是雪王之女，家乡就在对门山缥缈的冰雪王国，这与恒河之源——喜马拉雅山脉南坡加姆尔的甘戈特力冰川相呼应，愈加带有神话色彩。加姆尔在印度语中是"牛嘴"之意，而牛在印度是被视为神灵的，恒河水是从神灵——牛的嘴里吐出来的清泉，于是便被视为圣洁无比了。

　　而根据宗教传说，恒河之为"圣水河"乃是因恒河之水来源于"神山圣湖"。恒河的上游在我国西藏阿里地区的冈底斯山，冈底斯山的东南坡有一个大而幽静的淡水湖，叫玛法木错湖，湖水来源于高山融化的冰雪，所以湖水清澈见底，平如明镜。相传，这里的山中就是"神中之神"湿婆修行的地方，印度教徒尊它为"神山"。湿婆的妻子乌玛女神是喜马拉雅山的女儿，玛法木错湖是湿婆和他的妻子沐浴的地方，印度教徒尊它为"圣湖"，由于恒河水是从"神山圣湖"而来，所以整个恒河都是"圣水"。千百年来，虔诚的印度教徒长途跋涉，甚至赤足翻越喜马拉雅山，到中国境内的"神山圣湖"来朝圣，到湖中洗澡，以祛病消灾，益寿延年；到神山朝拜，以得到湿婆大神的启示。

　　恒河是印度北部的大河，自远古以来一直是印度教徒的圣河。其大部流程

为宽阔、缓慢的水流，流经世界上土壤最肥沃和人口最稠密地区之一。尽管地位重要，但其2510千米的长度使其无论以世界标准还是亚洲标准衡量都显得短了一些。

它发源于喜马拉雅山脉，注入孟加拉湾，流域面积占印度领土的1/4，养育着高度密集的人口。恒河流经恒河平原，这是印度斯坦地区的中心，亦是从公元前3世纪阿育王的王国至16世纪建立的蒙兀儿帝国为止一系列文明的摇篮。

恒河大部流程流经印度领土，不过其在孟加拉地区的巨大的三角洲主要位于孟加拉境内。恒河总流向是从北—西北至东南。在三角洲，水流一般南向。

印度是四大文明古国之一，曾经创造了人类历史上著名的"恒河文明"。

印度人视恒河为圣河，历史悠久，有着浓厚的民俗和文化色彩，即使经过千年的文明洗礼，恒河两岸的人们仍然保持着古老的习俗。许多自古流传的神话，使印度人民对恒河母亲生起无限的怀想，烙下一个不可磨灭的情结。这一生中至少要在恒河中沐浴一次，让圣河洗净生生世世所有的罪孽。人们将恒河看作是女神的化身，虔诚地敬仰恒河，据说是起源于一个传说故事。古时候，恒河水流湍急、汹涌澎湃，经常泛滥成灾，毁灭良田，残害生灵，有个国王为了洗刷先辈的罪孽，请求天上的女神帮助驯服恒河，为人类造福。湿婆神来到喜马拉雅山下，散开头发，让汹涌的河水从自己头上缓缓流过，灌溉两岸的田野，两岸的居民得以安居乐业。从此，印度教便将恒河奉若神明，敬奉湿婆神和洗圣水澡成为印度教徒的两大宗教活动。

在印度教徒的眼里，恒河是净化女神恒迦的化身，而恒河里的水就是地球上最为圣洁的水，只要经过它的洗浴，人的灵魂就能重生，身染重病的人也可以重获健康生命。每年都有众多的朝圣者虔诚而来，在恒河水里举行自己重大的宗教仪式。更有甚者在恒河水里自尽，以期洗去此世的罪孽和冤狱。于是，恒河上有时会漂浮着尸体。人们将尸体打捞起来火化后，会遵照死者遗嘱将骨灰洒在恒河里。就这样年复一年，恒河水受到了严重污染，成了印度污染最严重的河流之一。可印度教徒依然我行我素，他们沐浴在此，饮用在此，却很少中毒或者得病。不知恒河水是否因为其神圣而具有了某种自我净化的能力。

巴尔喀什湖

巴尔喀什湖位于亚洲中部，是一个内陆冰川堰塞湖。流经中国新疆的伊犁河，接纳了大量的来自天山的冰雪融水注入巴尔喀什湖西部，占总入水量的75%～80%，而湖东部因缺少河流注入，加之湖区气候干旱，远离海洋，湖水大量蒸发而使湖水含盐量增多，因而形成了西淡东咸的一湖两水现象。而产生这一罕见奇特现象的原因，得从巴尔喀什湖所处的地理位置来看，该湖地处中亚心腹地带，气候极度干燥，降水稀少，蒸发旺盛，本应形成内陆咸水湖泊。但是，巴尔喀什湖有其特殊之处。

其一，在湖泊西半部，发源于天山山脉的伊犁河自东而西注入该湖。伊犁河源远流长，水量较大，构成巴尔喀什湖主要水源，平均含盐量仅有1.48‰。而湖泊东半部仅有湖东岸的巴尔喀什湖盆地与阿拉湖盆地接壤处；北岸同哈萨克丘陵毗连，是岩石高地，有古代阶地的痕迹；南岸是低凹的沙地，芦苇丛生，中多小湖沼，经常被湖水淹没，日益沙漠化。却没有大河注入，其蒸发量大大超过河水补给的数量，平均含盐量也达到10.42‰。这是造成巴尔喀什湖东、西两半部咸淡明显不同的根本原因。

其二，巴尔喀什湖是一个东西狭长的湖泊。从地图上量算，东西长约600千米，南北最窄处只有十几千米。这就影响湖水水体的交换，东部的咸水和西部的淡水间无法很好地相互交流。这是巴尔喀什湖水东、西两半部不同的又一个原因。因此，巴尔喀什湖在世界内陆湖泊中是一种十分罕见的湖泊。

伊犁河从南面注入湖的西半部，占总流入水量80%～90%，直至20世纪末一项水电计划，减少了河水流入的水量。此外，还有卡拉塔尔（Karatal）、阿克苏

（Aksu）、阿亚古兹（Ayaguz）等小河流入湖的东部。由于西半部注入水量多，因此湖水常年自西向东流。西半部湖水清澈，东半部含盐分较高，两湖之间有一狭窄的水道相连。北岸是岩石高地，南岸是低凹的沙地，芦苇丛生，中间有许多小湖沼，经常被湖水淹没。

整个湖区属大陆性气候。西部年平均气温10℃，东部9℃，年降水量430毫米。11月底到4月初湖面冰冻。湖区地层多碳酸盐沉积，20世纪70年代以前动物繁多，之后因湖水遭到污染而减少。20世纪70年代之前湖中有20种鱼类，有6种是这里的特产，其余是人工养殖的，包括鲟、东方鲤、狗鱼和咸海四须鱼等。20世纪30年代起在湖中养鱼，发展渔业，湖上有货轮来往。炼铜厂建立后，巴尔喀什城在湖北岸兴起。1970年伊犁河上建成卡普恰盖（Kapchagay）水力发电站。水库蓄水后，1970～1987年巴尔喀什湖的水位降了2.2米。湖水也日益盐化，并遭到沿岸存放燃料库外泄以及采铜和加工之污染。现在大部分的鱼类已禁止捕捞。湖泊附近的森林及湿地栖息地范围也缩小了。20世纪90年代初期，并无采取行动挽救生态环境的破坏。

巴尔喀什湖区地层多碳酸盐沉积，动物繁多，特别在芦苇丛中有大量鸥、野鸭和鸬鹚，此外多天鹅、鹈鹕、雉和鹧鸪。野兽有野猪、狼、狐狸和野兔等。湖的北岸为著名的铜矿带，巴尔喀什是重要的炼铜中心，与哈萨克斯坦和中亚重要城市有铁路连接。南岸伊犁河下游农牧业（种植水稻、养牛）发达。1970年，伊犁河上建成卡普恰盖水电站，水库蓄水后，巴尔喀什湖的水文状况有了巨大的变化。主要湖港有布鲁尔拜塔尔和布尔柳托别。巴尔喀什湖中国古称"夷播海"，一名巴尔喀什池。地处中亚腹心地带，是位于中亚哈萨克斯坦共和国东南部的内陆冰川堰塞湖，是世界第四长湖。它东西长约605千米，南北宽8至70千米，西部宽74千米，面积1.83万平方千米。湖区海拔340米，呈狭长状，湖水很浅，平均水深6米，最深达26米，蓄水量为112立方千米。以湖中部的萨雷姆瑟克半岛以北的乌泽纳拉尔湖峡（宽约 3.5 千米）为界，把湖水分为东、西两半：西半部广而浅，东半部窄且深。西湖宽 27～74 千米，水深不超过 11 米，湖水清澈，颜色浅淡，伊犁河自南岸注入湖中。东湖宽 10～20 千米，湖水蔚蓝清澈，入湖河流有卡拉塔尔河、阿克苏河、列普萨河等河。湖区是哈萨克斯坦旅游疗养地。东、西两端湖滨有铁路干线通过。湖沿岸蕴藏有铜矿和铁矿。湖中产芦苇和鲤、鲈等鱼类。

黄果树瀑布群

　　黄果树大瀑布是黄果树瀑布群中最为知名的瀑布，它位于镇宁布依族苗族自治县城关镇西南约 25 千米，东北距贵阳市 150 千米。最新测量结果表明，黄果树瀑布高为 66.8 米，宽达 81.2 米。因此，黄果树瀑布水量充沛，气势雄壮。

　　漫天倾泻的瀑布，带着巨大的水流动能，发出轰轰的如雷巨响，震得地颤谷摇，展示出大自然一种无敌的力量与气势。巨量的水体倾覆直下，又形成了大量的水烟云雾，使得峡谷上下一片迷蒙，让黄果树瀑布呈现出一种神秘的景色。瀑布平水时，一般分成四支，自左至右，第一支水势最小，下部散开，颇有秀美之感；第二支水量最大，更具豪壮之势；第三支水流略小，上大下小，显出雄奇之美；最右一支水量居中，上窄下宽，洋洋洒洒，最具潇洒风采。黄果树瀑布之景观，随四季而替换，昼夜而迥异。

　　在秋、夏之际，洪水较多，水量最丰，黄果树大瀑布水层变厚，水中因含有大量泥沙而显得黄浊，此时瀑布翻崖直下，捣金碎玉，气势最为雄壮。瀑布跌入潭后，涌起水柱数丈，忽高忽低，激起水花万朵，四处抛洒，卷起漩涡无数，上下翻奔，观之不禁令人产生一种壮怀激烈的豪情。春冬季节，瀑布消瘦，水流清澈。遥望瀑布，"若冰绡之被玉肌，烟縠之笼皎魄"，别有一番轻灵曼舞的婀娜风姿。

　　每当丽日当空，阳光灿烂，黄果树瀑布宛若一条溢彩溅金的银龙，喷吐着

浓浓的迷雾，在阳光的照射下，虹霓隐现，景色神奇美妙。升腾的水雾继续上升，笼罩着瀑布西侧的黄果树寨子，给寨子带来了独特的景色，尤其当日出东山，或日暮黄昏，阳光将袅袅娜娜的水雾染上一层神奇的金色，因此黄果树寨子有了"水云山庄"的美名，寨子上那条唯一的小街，有了"银雨洒金街"的美名。

而当夜色降临，皓月千里，星辰稀疏。伫立观瀑亭前，举头望月，吟诵着"年年今夜，月华如练"的诗句，再观赏面前夜色之中的黄果树瀑布，宛若银河从九天而落，从潭中升腾起来的层层水雾直扑面门，仿佛是一幅神秘幽美的世外图画。此时，远眺贵州高原上峰峦叠影，不知其数；近观身边四周，花草树木，不知其名；清风徐徐拂来，送来缕缕醉人之清香，俯身侧耳细细聆听，隆隆水声之中还夹杂着蛙声和蟋蟀声，组成一曲旋律奇特的交响乐。此时此刻，不禁飘飘然若置世外仙境之中！

水帘洞，高出瀑下的犀牛潭约四十余米，其左侧洞腔较宽大清晰，并有三道窗孔可观黄果树瀑布；右侧因石灰华坍塌，洞体残存一半，形成一个近二十米高的岩腔。水帘洞不仅本身位置险要，且洞内之景色颇有特色。然而，长期以来，由于进洞道路艰难危险，除少数探险者敢冒险进洞游览之外，一般游人是很少进去的。据《镇宁县志》记载："路从左半岩横迤而入，上顶飞瀑，下临深潭。行时须面壁匍匐攀援而进，稍一疏忽便堕入深渊。"深渊即是下面的犀牛潭，其深达 17.7 米，在黄果树瀑布跌落的巨量水流冲击下，激起高高的水柱，若游人从水帘洞中滑入犀牛潭中，则是极其危险的。

水帘洞之名，大概取自于《西游记》中齐天大圣孙悟空所居住的桃源洞天吧。其实我国的水帘洞，并不止黄果树瀑布的水帘洞一处。南岳衡山亦有一处水帘洞，然而无论瀑布之气势、洞内之景观，都不能与此处水帘洞相媲美。

游人在水帘洞中观赏这里

的美景时，当想到自己正在瀑布之下，巨量的水体正从头上压顶而过时，不禁会产生一种难以言状的压抑感，甚至是一种恐惧感。仿佛洞内的岩壁会随时被压垮倾覆，钙化的岩石随时会跌落下来一般，以致不敢久留，只有当走出了水帘洞时，看到洞外一片明亮，灿烂阳光下，翠竹簇簇，婆娑起舞，树木葱茏，树叶扶疏，才不觉松了一大口气，精神为之一振。那么，黄果树瀑布如此壮美的景观，又是怎样形成的呢？对于黄果树瀑布的成因问题，可谓是众说纷纭。有人认为它是喀斯特瀑布的典型，是由河床断陷而成的；有人则认为是喀斯特侵蚀断裂——落水洞式形成的。还有一种说法是，黄果树瀑布前的箱形峡谷，原为一落水溶洞，后来随着洞穴的发育，水流的侵蚀，使洞顶坍落，而形成瀑布，因此是由落水洞坍塌形成了黄果树瀑布。由于一个瀑布的形成过程是与瀑布所在的河流的发育过程紧密相关的，故黄果树瀑布的形成过程须与白水河的演化发育历史结合起来考虑。这样，黄果树瀑布的发育过程大致可分成七个阶段，即前者斗期、者斗期、老龙洞期、白水河期、黄果树伏流期、黄果树瀑布期和近代切割期。其形成时代从距今 2700 万～1000 万年的第三纪中新世开始，一直延续至今，经历了一个从地表到地下再回到地表的循环演变过程。

遗爱湖

黄州是一个多情的古城。城中有一个美丽的湖泊，湖的名字叫作遗爱湖。一片蓝蓝的湖水，湖畔种植的大多是扶岸的垂柳，湖面波光粼粼，一如丝绸般飘逸，褶皱处也满含诗情，流线里更不乏温柔。广阔的湖面，明净而通透，湖波如镜，杨柳夹岸，照映倩影，无限柔情；绿水拥着青山，青山环着绿水，你中有我，我中有你；高处远眺，港汊交错，岸线曲折，疑仙女嬉戏于此，将衣带遗落于这山水之间。

遗爱湖位于黄州科技经济开发区西侧，占地 5400 余亩。水域面积近 4000 亩。一位园林专家称从天空往下看去，遗爱湖比杭州西湖还要美丽。河汊沟通，

湖湖相扣，湖中落下座座小岛。湖位于古城中，城在赤壁山下，是人间一仙境。历史的厚遇赋予黄州浓厚的文化积淀，罕见的城市原始生态使之更加神奇。登山远眺，遗爱湖及古城风景奔来眼底，可谓山与城相连、城与湖相接，湖光山色相得益彰。

1300多年前，贬谪于此的伟大诗人苏东坡给湖畔的小亭题名"遗爱亭"，故而这个美丽的湖泊便有了一个浪漫的名字——遗爱湖。这里不是得意者的天堂，而是失意者的故乡，所以一直以来，雕琢不多，附会也少，还是自然清新的本色。当年的遗爱亭早已消逝在历史的烟尘中。后来的黄州人把当年城郊现处城中的东湖、西湖、菱角湖叫作遗爱湖。为什么会把与遗爱亭毫无关系的湖泊叫作遗爱湖呢？大概是质朴的黄州人怀念那个清廉的太守苏东坡吧。

遗爱湖有"城中之湖"的美称。过去城小，遗爱湖生在荒郊野外，尽管落入凡尘，倘无污染倒也落得清纯，如乡村女子一般纯净美丽。而随着城区的不断扩大，遗爱湖渐渐成了城中的污水湖。1999年黄冈市环保局提供的资料表明，每天有533立方米的污水未经任何处理就排入遗爱湖，使水质不断恶化。沿湖大小企业1398家，该湖每年除承接大量工业废水外，还接纳黄州城区23万人生活污水的直接排入，造成湖水富营养化严重。当时统计的数据有500亩左右的水面已严重污染，其余受到轻度污染。昔日清纯秀美的乡村女子一度变得蓬头垢面，不堪目睹。

水是黄州之灵魂、市民之命脉，为了重新找回水乡失落的灵性和光泽，黄州人传承大禹治水精神，对水环境进行全面治理。污水治理工程将城乡的工业污水、生活污水进行连片收集，集中治理，净化了水环境，重现了水乡"踏歌人去山阴道，载酒船来镜水中"的意境。

如果湖是城市之眼，虽眉目各有不同，养的都是城市的灵气，映的是城市的心，滋润的是一地的人。从黄冈的文脉发展过程来看，700多年历史中留下了禹王城、赤壁等著名景点；从文化角度看，遗爱湖风景区是禹王城、赤壁风景区的延伸和补充，以近代文化为主题，突出大别山文化特色，融生态、娱乐于一体，成为具有现代文化特色的市级综合性公园，与赤壁风景区共同形成鄂东文化旅游胜地，是武汉市大旅游圈中独具特色的风景旅游区。基于这种定位，黄冈市政府已经就遗爱湖风景区开发规划了大别山文化园、历史名人园、东方养生园、风味园、异国风情园、江湖生态教育馆、鸟类生态保护区、植物园、沼泽生态景观保护园、观光果园、森林牧场、儿童游乐园、健身广场、水上运动、体育中心、宾馆、生态养殖景观等十八大项目，形成大别山文化区、体育区、度假别墅区、市民公园区、历史名人区、观光渔业区、生态植物区七大景区。目前，紧靠湖区已经建有环境幽美、起居舒适的菱湖宾馆、黄冈宾馆；大洲岛上已经兴建起蒙古包风情园和热带风情沙滩。通过招商引资，菱角湖已经利用近500亩水面开发珍珠养殖产业。著名企业汇源集团黄冈分公司、湖北太子奶公司落户东湖之滨，成为遗爱湖亮丽的风景线。黄冈师范学院、鄂东职院、黄冈大学与其依山傍水的关系更为遗爱湖风景区增添了浓厚的人文景观。

在遗爱湖中，有一条长达数百米遍植杨柳的湖心路穿湖而过。经过连心桥，漫步湖心路，顿生"长堤春柳最依依，才过虹桥便入迷"的感觉。漫步其间，你自然会想起春天的意趣，看三步一杨五步一柳。融融的春风中，迎春缤纷艳丽，柳丝婀娜起舞。那一湖荡漾的碧波便在春风的吹拂中激起涟漪，湖面上一会儿波痕荡漾，一会儿平静如镜，一会儿又皱折追风，看上去舒服极了。向西看去，城市里鳞次栉比的高楼映照在平静的湖水里格外迷人；向东望去，鄂黄长江大桥的高架拉索熠熠生辉，分外醒目。一路风光道不完，心随春风舞翩跹。遗爱湖的风景让我感到我居住的小城竟是如此美丽！

入夜，无景可看时，光看水就足以醉人，而眼前却是深深浅浅、浓浓淡淡、高高低低、远远近近……无处不景，此刻的我仿佛就置身仙境了。而这仙境的意蕴恰恰来自那些国画般的和谐组合。禁不住感叹，遗爱湖是善于借鉴别处景致而不俗的，也是自成一体而不乱的，你看呀，湖中远近高低各种风物遥相呼应，隔而未绝，互通有无，充分体现了中国传统美学的理念。

初夏季节，鲜花怒放，沿着湖畔漫步，岸边垂柳青青，水中荷花吐艳，微风习习，清香轻拂，让人不觉为之心醉。湖中的小船随波荡漾，船上三三两两的游人，或嬉笑、或谈心、或静思，兴致来了，可以自己来摇桨，忽左忽右，任凭爽朗的笑声洒落在湖面。湖水轻拍着岸边的围堰，激起层层涟漪，荷叶在微风中轻轻摇摆，像美丽的江南的少女翩翩起舞。如果有幸赶上细雨朦胧的日子，雨中的遗爱湖犹如淡淡的水墨画一样渲染开来。

炎炎八月，热浪滚滚，来到遗爱湖，享受这城市中的"大氧吧"，湖水之浸润，倍感神清气爽。或是湖边垂钓，依繁荫而纳凉；或漫步林荫小道，凉风习习拂面。这里的宁静，这里的秀丽，呼吸着这里的空气，惬意与你同在！

夜幕降落，华灯初上，在霓虹灯和装饰灯光的闪烁下，垂柳显得越发的青翠，山影如黛，湖面上五颜六色、色彩斑斓的彩灯倒影随风晃动，水波荡漾，仿佛带领人们进入了一个童话世界。溶溶月色下的遗爱湖，展露出"三分明月倒映，湖水波光粼粼"的意境。

"半亩方塘一鉴开，天光云影共徘徊，问渠哪得清如许，为有源头活水来。"这是南宋著名理学家朱熹的诗句。以山、水、竹、树、路、桥、亭、滩、民居为组合的遗爱湖自然景观，有着世外桃源般的意境，如同一幅韵味无穷的山水画，形成一个独特而美丽的田园风光，给人们一种回归自然和超凡脱俗的感觉。对那些久经都市嘈杂喧闹、爱好自然的人们来说，到遗爱湖一游，不能不说是一种美的享受。

伊瓜苏大瀑布

当地印第安人的瓜拉尼语称该瀑布为"伊瓜苏"，意为"大水"。当地有这样一个美丽的传说：某部族首领之子站在河岸上，祈求诸神恢复他深爱的公主的视力，所得回复是大地裂为峡谷，河水涌入，把他卷进谷里，而公主却重见光明，她成为第一个看到伊瓜苏瀑布的人。

1541年，西班牙探险家德维卡来到这里，他是最早发现这条瀑布的欧洲人。德维卡并不觉得伊瓜苏瀑布特别壮观，只形容为"可观"，他描绘伊瓜苏瀑布，说它"溅起的水花比瀑布高，高出不止掷矛两次之遥"。耶稣会教士继西班牙人来此传扬基督教，建立传教机构。其后，奴隶贩子来此掳掠瓜拉尼人，卖到葡萄牙和西班牙种植园去。耶稣会教士于是留下保护瓜拉尼人。西班牙王查理三世竟然听信了庄园主的谗言，1767年把该会教士逐出南美洲。在阿根廷波萨达斯附近，仍保留着一座耶稣会的古建筑，称为圣伊格纳西奥米尼，建于1696年，是观赏瀑布的旅游中心。

伊瓜苏河发源于塞罗多马（Serrodo Mar），紧靠圣保罗南部的巴西海岸，向西流入内陆，流程约 1320 千米，河流顺着蜿蜒曲折的河道流淌，在穿越巴拉那高原之前，因支流汇入而河水上涨，河流途经 70 多个瀑布，使航道不时中断。其中最大的为纳空代瀑布，落差 40 米，几乎和尼亚加拉大瀑布相当。伊瓜苏最终流到巴拉那高原边缘，在其汇入巴拉那河前不远处，在伊苏瀑布上方直泻而下。

此处的伊瓜苏河宽约 4 千米，河水就在整个宽度上，在壮观的新月形陡崖处倾泻而下。共有 275 股独立的大小瀑布，其中有些瀑布径直插入 82 米深的大谷底，另一些被撞击成一系列较小的瀑布汇入河流。这些小瀑布被抗蚀能力强的岩脊所击碎，腾起漫天的水雾，艳阳下浮现出闪烁不定的绚丽彩虹。在两条小瀑布之间的岩石突出处，绿树密布；棕榈、翠竹和花边状的树蕨构成丛林周围的前哨。树下，热带野花——秋海棠、凤梨科植物和兰花透过下木层争奇斗妍。穿梭于树冠层的各种鸟类，如鹦鹉、金刚鹦鹉及其他身披艳丽羽毛的鸟类构成了缤纷的色彩。

巴西和阿根廷双方的国家公园均位于瀑布的某一侧，通常需要经由另一侧才能接近瀑布。也许从直升机上能获得最佳视点，惊心动魄的全景尽收眼底。但是最具刺激性的体验瀑布的方法，是行经跨越河流上空的狭窄通道，从紧靠山脉的一侧横越瀑布至远端的一侧。偶尔，小路也会被洪水充盈的河流冲掉，如果你紧靠这一地区，就会感受到因河水直泻深渊而迸发出来的巨大能量。

11 月到第二年的 3 月是此处的雨季，瀑布最为壮观。但是，在一年中任何时间里都有美景。尽管持续的急流给人以恒久的印象，但是，据知，瀑布也有断流的时候。1975 年 5 月和 6 月，天气特别干旱，河流逐渐断流，25 天内没有一滴水流经崖边，使得当时的游客非常扫兴。

在上巴拉那河上，与伊瓜苏河汇合处的上游 160 千米处是萨尔托多斯塞特奎达斯瀑布，或叫瓜伊拉瀑布。这条瀑布平均高度仅 34 米，但当测定其年平均径流量时，它却是世界径流量最大的瀑布。瀑布上缘宽 5 千米，据估计，每秒流量为 1.33 万立方米，相当于在 0.6 秒钟内充满伦敦保罗大教堂的圆顶。

千 岛 湖

千岛湖位于和美国接壤的加拿大安大略省，一半属于加拿大，一半属于美国。坐游船在圣劳伦斯湖上欣赏湖中千岛的风情是常规的旅行项目。欣赏的重点是心形岛。

加东美丽的千岛湖（1000 Islands）是世界闻名的旅游景点，也是加拿大的三大自然奇观之一。千岛是指在安大略省的迦纳诺魁（Gananoque）和京士顿（Kingston）之间，沿着圣·劳伦斯河（St. Lawrence River）散布的一千多个大小不一的岛屿。这些岛屿如繁星般散落在圣·劳伦斯河上，宛若童话中的仙境。

湖中心的分界线将千岛湖一分为二，南岸是美国的纽约州，北岸则是加拿大的安大略省。在一千多个岛屿中，2/3 在加拿大境内，而美国拥有的岛屿则面积比较大，并有深水水道通往五大湖。在千岛湖上，一座连接美国和加拿大的国际大桥横跨美加两国的边境，大桥宛如一条天然彩虹，为千岛湖增加了几分娇艳。桥的中央就是两国的分界，上面有无人值守的海关。千岛湖一年四季风景秀丽，在夏季更是有名的避暑胜地。

由多伦多出发，沿 401 公路向东行，大约两个半小时，到了京士顿（Kingston），这里是安大略湖（Lake Ontario）东端的尽头，也是北美五大湖的出口。过了京士顿，就是加美共有的圣·劳伦斯河（St. Lawrence River）的开始。在645 出口转右行驶即可到达京拿诺（Gananoque），转左到千岛乐园路（1000 Islands Parkway），沿河向东行，沿途都有巨大的广告牌，指示游客转往支路前去港口搭乘游船。

千岛湖的游船之旅是久负盛名的，游客可搭乘能容纳百人的游艇，穿过星散于圣·劳伦斯河上错综迷人的岛屿，在圣·劳伦斯河上缓慢行进，尽览千岛群岛的美景。千岛群岛大小不一，大部分岛上都有建筑。在有些小岛上还散落着不少加、美两国富翁的别墅，建筑风格极为古典优雅。游艇在群岛间狭窄的水道左穿右插，迂回前进，前面疑是无路可通，转眼又豁然开朗，真有"山重水复疑无路，柳暗花明又一村"的感觉。

在千岛湖上还有全世界最短的跨国桥。原美国通用汽车公司的总裁，托人代购了在美国境内的一个小岛。他来到岛上后发现这个岛实在太小了，不能建筑大屋，于是又买了在加拿大境内的莎维岗岛（Zavicon），并在岛上建造了豪华的度假屋。为交通方便，又在加、美两岛之间建了一座小桥，仅长 9.75 米，横跨加美两国之间的水域，成为全世界最短的跨国桥。

千岛中有许多著名的岛屿，其中最有名的小岛是心岛（Heart Island）。1900年，纽约旅业大王乔治·博尔特（George Boldt）买下这个岛屿，并投资 2500万美元，在此兴建一座欧洲风格的古堡，作为献给他的爱妻露易斯的礼物。但不幸的是，城堡刚建好，还在装修中，露易斯竟于 1904 年病逝。钟情的博尔特悲痛不已，遂令停工，并决定从此不再续建，也不再踏足此岛。老博尔特死后，根据他的遗嘱，此岛交给了美国政府。现在有旅游证件的游客可以登上心岛参观，小游艇可以泊岸。

每年夏天，特别是节假日，是千岛湖最热闹非凡的时候。碧蓝的湖水与天际相接，湖里千舟竞发，白帆点点。私人快艇、水上摩托驰骋在宽广的千岛湖上，船尾留下白色的浪花一片。各种游轮满载着来自世界各地的游客在圣·劳伦斯河上静静欣赏千岛湖的旖旎风光。美丽的千岛湖已成为许多旅游爱好者心目中向往的地方。

鄂陵湖和扎陵湖

　　鄂陵湖和扎陵湖是黄河上游最大的两个湖泊，也是高原上有名的淡水湖。自古以来，藏族人民就在两湖地区放牧、生息，并根据两湖的形状和颜色作了形象的命名：东边是青蓝色长湖——鄂陵湖，西边为白色的长湖——扎陵湖。两湖相距约20千米，黄河水自扎陵湖的南端流出，几经周折，又注入鄂陵湖，好似一条银绳的两端各系着一个葫芦，所以人们常称这两个湖为"双生湖"或"姐妹湖"。这两个湖泊周围的自然环境非常独特，充满了神秘的味道。

　　两湖湖面海拔为4300米左右。鄂陵湖形同瓢瓜，面积608平方千米，平均水深17.6米，湖中偏右岸最深，达30多米，湖水青蓝。扎陵湖呈不对称的菱形，面积542平方千米，平均水深约9米。北岸最深，达13.1米。黄河从西南入扎陵湖，将泥沙携入。每当刮风时，风浪将沙粒泛起，湖水便成了灰白色。从远处眺望两湖，湖水、丘陵、雪山、草原相映，其秀，其美，不在"西子"与"昆明"之下，且多一层高原特有的辽阔和清新，真不愧是高原湖泊中的佼佼者。

　　扎陵湖和鄂陵湖是黄河源头两个大型天然水库。据估计，鄂陵湖的蓄水量为108亿立方米，扎陵湖为47亿立方米。每年从鄂陵湖流入黄河的水量大约是6.39亿立方米。丰富的水利资源可以用于发电，巨大的湖泊又可以调节黄河下游的水量。

　　两湖地处高寒，每年10月至翌年4月的平均气温都在零度以下，最低温曾降到-51℃。每年12月湖面结冰，冰厚一米以上，至翌年3月才开始消融。封冰期间，人可履冰而行，汽车亦可在近岸处行驶。两湖地区即使最暖的季节，温度也低于15℃。因此这里没有四季之分。即使一天之内也风云多变。夏天往往早上风平浪静，晴空万里，到了中午前后，黑云压城，刹那间风雪交加，只需几十分钟，雪过天晴。强烈的太阳辐射把皮肤晒得生疼。再过一会儿，又从西北飘来一阵狂风暴雪。一个下午如此反复四五次，直到傍晚才风停雪止，然而气温却下降到零下几度，滩地、水坑均出现薄冰。有时一夜之间可以把雾、雨、雹、雪下个遍。睡下时月明风清，早晨起床竟是漫天皆白。

湖区特定的环境为高原动植物繁衍提供了得天独厚的条件，使这里水美草绿、禽鸣兽跃，充满了生机。由于昼夜间温差大，白天日照时间长，太阳辐射强烈，促进了植物的光合作用，有利于提高植物蛋白质和脂肪的含量。这里的冬虫夏草、雪莲、蕨麻、发菜等名贵中药材和蔬菜享誉中外。就连小草也因营养价值高，而成为草食性动物的珍馐美味。草食性动物集居，肉食性动物随之云聚而来。

19世纪60年代，成群的野牦牛、野驴和藏羚随处可见，打猎者无需瞄准，举枪即射，弹无虚发。现在虽说少多了，但仍然不时有黄羊、狐狸、高原鼠兔等窜出，也可以看到大鸳扑食野兔的惊险场面。湖中的水产资源丰富。夏日风和日丽时，成群的小鱼到浅水岸边漫游，清晰可数。两湖的鱼类长期处在自生自灭的状态，鱼群密度大，不惧人。当人们接近嬉游的鱼群时，鱼仍畅游不去；若投以石子，鱼群非但不惊散，反而会向石子落水处聚集，所以网捕和垂钓极为容易。

两湖中均有几个小岛，每个面积都在1平方千米左右。岛上聚居着大量水鸟。岛上的奇岩怪石是候鸟天然的栖息地，用羽毛和杂草堆积的鸟巢，一个连着一个。各类候鸟每年5月迁飞到这里，6月进入产卵季节，登岛一望，各种鸟蛋俯首即拾。岛上的鸟类有十多种，如棕头鸥、斑头雁、玉带海鸥、赤麻鸭、鹭丝、天鹅等，最近还发现稀有珍禽黑颈鹤。它们或一群一伙立在岛边高处的石头上，好像监视入境者的行动，或冲天而起、遮天蔽日。两湖中的这些小岛极少有人攀登，保持着原始的生态环境，是研究候鸟生态的理想场所。

除扎陵湖、鄂陵湖外，黄河河源地区还有许许多多小湖泊。在漫长的地质历史时期，整个河源地区是一个由相对陷落的构造盆地形成的一个大湖。以后随着高原隆升逐渐分离成小湖。鄂陵湖和扎陵湖完全分离的时间在距今一万年以前的晚更新世。湖区周围的道道天然堤和洼地相间的地貌形态，记载了扎陵湖和鄂陵湖长期演变的历史，也是湖泊逐渐缩小的见证。

雅鲁藏布江

奔腾的雅鲁藏布江像一条银色的巨龙，自西滚滚东流，在巴昔卡附近流出国境，改称布拉马普特拉河，汇入南亚最大的河流恒河，经过印度、孟加拉国，注入印度洋的孟加拉湾，途经之处，充满了富庶和传奇的美丽故事。

源远流长的雅鲁藏布江发源于喜马拉雅山中段北麓，在那常年被高山云彩遮蔽的喜马拉雅雪山群峰脚下，仿佛腾空跃出两条发光的银色缎带，出自杰马央宗冰川的杰马央宗和出自阿色甲果冰川的库比藏布，这就是雅鲁藏布江的源头。

仲巴以西是雅鲁藏布江的上游段。河流穿行于海拔4600~4800米，两岸和缓起伏的山岭连绵不断，宽谷盆地中曲流、牛轭湖、分汊河道随处可见，还遍布沼泽和湖泊。河流蜿蜒，铺展在烟云缥缈的雪山脚下，穿缀着无数晶莹夺目的小湖泊。雅鲁藏布江的上游地区是优良的夏季牧场。坦荡的谷地里广泛分布着紫花针茅和蒿子，一片黄绿景象。

上游地区的上段，由于人烟稀少，目前还是野生动物的乐园。可以看到长有利剑般长角的藏羚羊在草丛中狂奔，岩羊在山坡上跳跃，野驴在山谷间游荡。

仲巴至派区是中游段。中游段的河流时而在宽坦的河谷中蜿蜒，水流温顺；时而切穿山地形成峡谷，水流湍急。一束一放，宽窄相间。在宽谷段，谷底宽达2～3千米，甚至5～6千米，到处是沙洲和浅滩。金光灿灿的沙洲和蓝绿色的江面交织在一起，颇似少女的发辫。窄谷段两岸陡壁悬崖，河谷宽仅二三百米，甚至不足百米。水流湍急，奔腾咆哮，水力资源丰富。

雅鲁藏布江的中游集中了流域主要的支流，如拉喀藏布、年楚河、拉萨河、帕隆藏布等。众多的支流中，流域面积最大的是拉萨河。拉萨河全长568千米，发源于念青唐古拉山脉中段北侧的罗布如拉。流经拉萨市，在曲水附近流入雅鲁藏布江，拉萨河的干流呈一个巨大的"S"形，从东北向西南伸展。几乎在每一个拐折处都有支流汇入，使拉萨河的水系像一个精工编织的网格。拉萨河水以降水补给为主，一年之中河水多寡悬殊。历史上拉萨河水患频繁。据史料记载，五百年来，无情的洪水曾经四次淹没拉萨市区。其中，五百年前和六十年前的洪水最大，当时人们只有乘坐牛皮筏才能来往于繁华的八角街。地势稍高的地方也得提衣涉水而过。拉萨河多年平均含沙量，每立方米仅0.098千克，是我国河水含沙量较小的河流之一。这是由于它的上游人为活动少，水土流失轻，河床宽阔便于泥沙淤积。

帕隆藏布是雅鲁藏布江水量最大的一条支流。它穿行在崇山峻岭之间，是一条典型的山区河流。每遇大雨，形成众多的瀑布和跌水，引起崩塌、泥石流等，严重危及人民生命财产安全。沿着帕隆藏布，有不少湖泊，它们大都是由于山崩或泥石流堵塞河道而成。如景色秀丽的易贡错，长15～18千米，最大宽度2.5千米。它是1900年易贡藏布左岸支流扎木弄巴的一次特大泥石流阻塞河道而形成的。帕隆藏布水能资源丰富，天然水能蕴藏量是拉萨河的五倍，只是地震、泥石流十分频繁，给开发造成困难。滔滔江水折向东北，围绕喜马拉雅山脉东段尾闾的最高峰南迦巴瓦，折向西南，进入雄伟险峻的大拐弯峡谷地区。这里群山对峙，悬崖直落江面，两侧高峰与河谷相差竟达五六千米，滔滔巨流就像一根细线，深深嵌在巨斧劈开的狭缝里，水流速度超过16米/秒。江流迂回，江中滩礁棋布，乱石嵯峨，水流呼啸奔腾，难以行船。峡谷的河流落差很大，有的地段平均每千米跌落十多米，由于河流落差大，所以水力资源蕴藏量

十分丰富。据初步计算，水力资源占整个雅鲁藏布江总量的 2/3，单位面积水能蕴藏量为世界罕见。

在东喜马拉雅山北翼，雅鲁藏布江中游谷地的林芝，亦发现有古人类文化遗物，更宝贵的是这里还发现有古代林芝人遗骨，其出土位置也在河谷的低级阶地上。从出土的陶器的形态、纹饰及石器的制作方式来看，与雅鲁藏布江下游谷地的出土器物相近。由此可见，雅鲁藏布江下游纵向谷地，在 5000～800 年以前不仅已成为古人类生息之地，而且也已作为人类往来的通道，对低地和高原古人类的交往起着重要的"走廊"作用。

雅鲁藏布江大峡谷地带是世界上山地垂直自然带最齐全丰富的地方，许多科学家都称赞这里是研究全球变化最理想的地方，经多次考察后统计，青藏高原约有七成的生物物种集中在这大峡谷中，更不乏新种、新纪录种和独特、古老、孑遗的珍稀物种。这里实在是一块宝地，是我国 21 世纪可持续发展的储备基地和人类共同的宝库。